Ludwig Schwa

Liebe kennt deine Grenzen

Das **emotional-energetische Training** für dein stabiles Ich

Ich widme dieses Buch allen Menschen, die sich in dieser Welt zuweilen falsch, unzugehörig, nicht verstanden oder gesehen und manchmal auch ausgeliefert fühlen. Möge es ihre Wunden von Schuld und Scham in liebevolle Selbstannahme wandeln. Mögen sie Beziehungen führen, in denen ihr wahres Selbst ungefiltert leuchten darf.

INHALT

PROLOG: LIEBEN, OHNE SICH DABEI ZU VERLIEREN

Vor Kurzem bat mich eine Freundin, die freie Trauung bei ihrer Hochzeit abzuhalten – Ringtausch und Eheversprechen inklusive. Auch wenn mich die Aufgabe zunächst etwas überforderte, sagte ich zu, weil ich die Vorstellung aufregend und irgendwie auch berührend fand. Jene Freundin vertraute mir und ich wusste, dass ich der Zeremonie meine ganz persönliche Note verleihen dürfte. In den kommenden Wochen schaute ich mir Youtube-Videos von freien Trauungen an und beobachtete Hochzeitspaare dabei, wie sie sich einander Eheversprechen gaben, von denen manche mehr, manche weniger aufrichtig klangen. Letztendlich ging nahezu jedes Gelübde in die gleiche Richtung: »Ich verspreche dir, auch in schlechten Zeiten immer für dich da zu sein.« Zu Recht: Wir alle wünschen uns eine Beziehung, in der wir uns auf unsere Partner*innen verlassen und darauf bauen können, dass sie auch in Krisen zu uns halten. Dieser Wunsch ist völlig unabhängig davon vorhanden, wie selbstliebend wir bereits sind. Als menschliche, verletzliche Wesen dürfen wir einander brauchen! Bedingungslos.

Trotzdem war für mich das Ehegelübde in der Form nicht ausreichend. Ich wollte ein weiteres Commitment in die Zeremonie integrieren. Ein Commitment für sich selbst, eines, in dem sich beide Partner*innen individuell den eigenen Zielen, Wünschen, Bedürfnissen und Potenzialen verpflichten sollten. Etwa so: »Ich stehe zu mir in schlechten Zeiten. Ich sorge für mich und meine Bedürfnisse. Ich verpflichte mich mir selbst gegenüber, meine Bedürfnisse und Werte zu wahren und ein Leben zu leben, das mich zutiefst erfüllt.« *Spielverderber*, mag der ein oder die andere nun denken. *Selbstliebe hat doch auf einer Hochzeit nun wirklich nichts zu suchen!*

Ich gebe den kritischen Stimmen teilweise recht. Sprüche zur Selbstliebe werden mittlerweile recht inflationär verwendet, was teilweise dazu führt, dass jegliche Form von »etwas brauchen« mit Scham assoziiert wird und wir die ganz natürliche Sehnsucht nach sicherer Verbundenheit gerne hinter einer Nähe vermeidenden Autonomie verstecken, die wir uns als Selbstliebe verkaufen. Dies jedoch soll die Bedeutung von wahrer Selbstliebe nicht schmälern, die uns in gesundem Maße ermöglicht, uns echt auf jemanden einzulassen, weil wir gelernt haben, uns auf uns selbst einzulassen: Wie wollen zwei Menschen füreinander da sein, wenn sie nicht gelernt haben, für sich selbst da zu sein? Wie wollen sich zwei Menschen grenzenlos lieben, wenn sie dabei vergessen, wer sie wirklich sind? Wie können zwei Menschen voneinander verlangen, in ihren Schwächen, ihren Fehlern und ihrer Unvollkommenheit geliebt zu werden, wenn sie sich selbst ständig kritisieren und verurteilen?

Wir können als Paar – egal, ob romantisch, freundschaftlich oder im Arbeitskontext – nur so grenzenlos aus dem Vollen schöpfen, wie wir voll und erfüllt in uns selbst sind – in unserem Licht und unserem Schatten. Und voll und erfüllt in uns selbst können wir wiederum nur sein, wenn dieses Potenzial mit sicheren Grenzen versehen ist, die genau definieren, was wir wollen, was wir nicht wollen, was stimmig für uns ist, was nicht stimmig für uns ist, worauf wir uns einlassen wollen und worauf eben nicht. Ein starkes, verbundenes Wir braucht ein starkes, verbundenes Ich. Es braucht eine gesunde Ich-Stärke, die – weil sie erfüllt aus sich selbst schöpfen kann – weder durch Aufopferung noch durch narzisstische Selbsterhöhung ihren Mangel an Selbstwert kompensieren muss.

Was passiert, wenn uns an dieser gesunden Ich-Stärke fehlt? Es ist wie ein Sprung in den Ozean der Liebe, ohne im Besitz eines intakten Rettungsbootes zu sein und ohne richtig schwimmen zu können. Wir sind ständig abhängig von einem Menschen, der uns retten soll. Wir fühlen uns nur sicher, wenn der Wellengang ruhig ist, und beginnen, panisch um die Beziehung zu fürchten, wenn ein Sturm aufkommt und wir durch Beziehungskrisen gehen. Unser Gegenüber kann uns jederzeit damit drohen, uns den Rettungsring wegzunehmen, wenn wir nicht so sind, wie es von uns erwartet wird, was uns manipulier- und kontrollierbar macht. Und vor allem: Weil wir kein funktionelles Rettungsboot haben und nicht richtig schwimmen können, glauben wir insgeheim, wir würden es nicht verdienen, geliebt zu werden. Doch das Boot, in dem wir wirklich sicher durch den Ozean der Liebe navigieren können, sind unsere Grenzen. Grenzen, die selbst dann Stabilität gewährleisten, wenn die emotionalen Wellen unserer Mitmenschen gegen den Schiffsbug prallen. Wenn wir unsere Grenzen kennen, sind wir quasi mit einem Navigationssystem ausgestattet, das uns ganz klar einen notwendigen Richtungswechsel signalisiert, sobald wir sie und unsere Bedürfnisse umgehen. Wenn wir unsere Grenzen kennen, sind *wir* die Kapitän*innen auf unserem Boot – nicht die Erwartungen und Bedürfnisse anderer Menschen. Welch schönes Abenteuer, wenn zwei Kapitän*innen miteinander aufbrechen können auf eine gemeinsame Expedition der Liebe, an der sie miteinander reifen, wachsen und sich immer tiefer verbinden können.

Wir alle verdienen Beziehungen ohne Aufopferung, Co-Abhängigkeit und das ständige Gefühl, nicht gut genug zu sein. Wir alle verdienen jemanden, der sich wirklich auf uns einlässt und uns in unserem wahren Wesen und Wert zu erkennen bereit ist. Wir alle verdienen, dass unser Herz die Kapazitäten zurückgewinnt, sich zu öffnen, ohne uns ständig durch panische Bindungsangst zu warnen, weil es wieder verletzt werden könnte.

Dafür brauchen wir ein sicheres Boot, gebaut aus in unserer menschlichen Natur völlig natürlichen angelegten Ressourcen von Selbstliebe, Selbstfürsorge, Selbstrespekt und dem Kleber, der alles zusammenhält: einem gesunden Selbstwert. Bei den meisten Menschen hat dieses Boot ein Leck, das durch irgendeine Form von Mangel an Geborgenheit, Sicherheit, Vertrauen, Wertschätzung oder auch Autonomie und Unabhängigkeit irgendwann in unserem Leben entstanden ist und dazu geführt hat, dass wir Teile unseres Selbst in seiner reinen Essenz verloren haben. Wo wir uns selbst verloren haben, mussten wir Schutzpersönlichkeiten von Aufopferung, Abhängigkeit und Bindungsangst im Außen entwickeln, die das Leck hätten reparieren sollen, aber es in Wahrheit nur provisorisch geflickt haben. Und irgendwann geraten all die wundervollen, selbstermächtigenden Ressourcen, die wir in uns tragen, in Vergessenheit, weil der Flicken sie immer mehr überdeckt.

Was braucht es also, um dieses Leck zu reparieren, um dieses Boot als sichere Grenze in unserem Leben wieder vollständig fahrtüchtig zu machen? Nein, es braucht keine Kalendersprüche von Selbstliebe. Es braucht einen emotionalen, körperlichen, spirituellen Rückverbindungsprozess mit uns selbst, aus dem heraus wir keine Selbstliebe trainieren müssen, sondern wir diese Selbstliebe – samt einer friedvollen Verbundenheit mit unseren Grenzen und Bedürfnissen – einfach sind. Wir müssen unseren Körper, unsere Emotionen und unseren »Spirit« wieder in Besitz nehmen. Reparieren wir die Lecks in unserem Boot und holen uns die Lebensenergie, die in den alten Verletzungen gebunden ist, wieder zu uns zurück!

»Liebe kennt deine Grenzen« bedeutet: Wo wir uns sicher in der Liebe und Verbundenheit zu uns selbst fühlen, sind sichere Grenzen ein ganz natürliches Nebenprodukt, das wir fühlen, verkörpern und ausstrahlen. »Liebe kennt deine Grenzen« bedeutet, Ja zu dem zu sagen, was du bist, und Nein zu dem, was du nicht bist. Es bedeutet, selbst jeden Tag so für dich da zu sein und deine Grenzen und Bedürfnisse zu würdigen, wie du es dir von der Person wünschen würdest, mit der du durchs Leben gehen willst. Es bedeutet, weich, erlaubend und mitfühlend zu sein, selbst mit jenen Aspekten deines Selbst, die noch nicht heil, nicht vollständig, nicht verbunden sind. Es bedeutet, *du* zu sein in deiner reinsten Essenz.

WOFÜR ICH STEHE: DIE INTENTION DIESES BUCHES

Wenn du dieses Buch in Händen hältst, hältst du ein Stück von mir selbst in deinen Händen. Ein Stück von meiner Essenz. Ein Stück meines schöpferischen Wirkens, das ich in diesem Buch erfahren durfte. Ein Stück einer Forschungsreise zu mir selbst, die dich inspirieren darf, diese Reise ebenfalls anzutreten.

Alles, zu dem wir eine Anziehung verspüren – sei es im positiven oder im negativen Sinne –, spiegelt einen Teil unseres Selbst wider. Andernfalls würdest du keine Anziehung, keine Resonanz und keine Reibung spüren. Dieses Buch wäre unsichtbar für dich geblieben, wenn es da nicht etwas gäbe, was dich mit mir verbindet. Vielleicht teilen wir das gleiche Traumaprofil, das heißt, wir haben in unserem Leben ähnliche Verletzungen erfahren. Vielleicht teilen wir die gleichen Bewältigungsstrategien, um mit diesen Verletzungen umzugehen. Vielleicht habe ich bereits das für mich transformiert, geheilt und integriert, was für dich noch ansteht. Was es auch sein mag: Ich lade dich ein, dieses Buch so für dich zu nutzen, wie es dir im Rahmen deiner inneren Entwicklung gerade dienlich ist.

Es hilft uns, zu verstehen, dass wir mit unseren Erfahrungen nicht allein sind. Es hilft uns, zu verstehen, warum wir in gewissen Situationen so fühlen, wie wir fühlen, obwohl wir eigentlich gerne anders fühlen würden. Es hilft uns auch, unsere Individualität liebevoll anzunehmen, die wir im Rahmen von Beziehungen oftmals opfern, weil wir uns so Liebe versprechen. Dort, wo wir uns besser verstehen lernen und auf mentaler Ebene Klarheit darüber gewinnen, wer wir wirklich sind und welche Bewusstseinsanteile uns in gewissen Situationen steuern, können wir anfangen, auch auf emotionaler Ebene mit unseren Emotionen, den verletzten Anteilen unseres inneren Kindes und den äußeren »Schutzpersönlichkeiten« Frieden zu schließen und ihre Integration zu initiieren.

Integration ist ein Begriff, den ich in diesem Buch ziemlich viel verwenden werde. Ich meine damit in erster Linie keine mentale Form von Selbstfindung im Sinne von sich Gedanken darüber zu machen, wer man ist, was man will, wo man hinwill und welche Ziele man im Leben hat. Integration geht tiefer: Sie bedeutet, uns selbst wieder in Besitz zu nehmen, und zwar sowohl unsere Emotionen, von denen wir uns abgeschnitten haben, weil es vielleicht zu schmerzhaft war, sie zu fühlen, als auch unseren Körper. Ebenso ist es wichtig, dass wir unsere Vergangenheit annehmen, in der wir emotional oft noch immer feststecken und deswegen uns selbst, unsere Beziehungen und diese Welt durch den Filter vergangener Verletzungen betrachten. Wir dürfen unseren »Spirit« erkennen, unser höheres Selbst, all die wundervollen Potenziale unserer Seelenessenz, die nur darauf warten, wieder vollständig erweckt zu werden. Und – zum Titel dieses Buches kommend – wir müssen unsere natürlichen Grenzen kennenlernen, über die wir spüren können, wer wir wirklich sind, was wir wollen und was wir nicht wollen, wo wir bereit sind, uns zu öffnen, oder den manchmal dringend notwendigen Impuls verspüren, uns zu verschließen.

Integration ist gleichzusetzen mit einem Ganzwerdungsprozess, der selbst die schmerzhaftesten Anteile unseres inneren Kindes miteinbezieht, die wir oft in Form von Schuld und Selbstablehnung ausklammern, weshalb wir – meist völlig unbewusst – immer wieder die gleichen schmerzhaften Erfahrungen reproduzieren. Es ist ein Ganzwerdungsprozess, in dem wir nicht drum herumkommen, endlich jene negativen Emotionen zu fühlen, die wir so lange unterdrückt haben. Es ist ein Ganzwerdungsprozess, in dem das zurückkehren darf, was in uns tief verwundet und deshalb tief vergraben wurde. Gleichzeitig werden wir immer mehr fühlen, wer wir wirklich sind. Wir werden beginnen, unsere Seelenessenz zu verkörpern, anstatt weiter vor unserem Körper zu flüchten. Wir werden fühlen, wer wir wirklich sind.

Dies ist der Weg, den ich seit nunmehr vielen Jahren gehe: den Weg vom zersplitterten, »entgrenzten« Selbst zum integrierten Selbst. Den Weg von der Schutzpersönlichkeit mit all ihren Anpassungs- und Bewältigungsmechanismen zum echten, authentischen Seelennaturell, das sich immer im Licht seiner Stärken und Potenziale zum Ausdruck bringen kann und dabei selbst die noch verwundeten Aspekte mit Selbstliebe und Weichheit berühren kann. Den Weg vom »nicht in meinem Körper sein«, um mich nicht spüren zu müssen, zur absoluten Verkörperung. Den Weg vom Fokus auf meine Mitmenschen, ihre Bedürfnisse und ihre Haltung mir gegenüber zum Fokus auf mich selbst und das Ziel, immer tiefere Erfüllung und Ganzheit in mir selbst zu finden.

Dieses Buch ist das ganz natürliche Nebenprodukt einer jahrelangen Selbstheilungsreise zu mir selbst – Schritt für Schritt meine dunkelsten Schattenaspekte integrierend. Mich immer mehr in meine reinste Spirit-Essenz ausdehnend. Das verkörpernd, was ich wirklich bin. Dabei will ich weder Therapeut, Heiler noch Guru sein, sondern es dir ermöglichen, hier jene Puzzleteile für dich zu finden, die du auf deiner Reise gerade brauchst.

Auf meiner Website habe ich dir einen exklusiven Downloadbereich zum Buch eingerichtet, in dem du alle Heilmeditationen aufrufen kannst. Über folgenden Link oder QR-Code gelangst du zum Downloadbereich, zu dem du über das Passwort »Spirit« Zugang erhältst.

https://seelenrave.de/liebe-kennt-deine-grenzen-downloadbereich-heilmeditationen

Kapitel 1

Unsichere und »entgrenzte« Bindungsmuster erkennen

VERSTEHEN IST DER ERSTE SCHRITT DER HEILUNG

Vor vielen Jahren fand ich mich in einer völlig grenzenlosen und instabilen Partnerschaft wieder, in der ich mich selbst aufopferte und meine Grenzen und Bedürfnisse für eine Beziehung überging, die – das weiß ich heute – auf dieser Ebene nie hätte funktionieren können. Diese Beziehung war die Initialzündung für eine lebenslange erfüllende und spirituelle Entwicklung, die meine Selbstheilungspotenziale immer mehr aktivierte und mich in eine Verbindung mit mir selbst brachte, von der ich früher nicht zu träumen gewagt hätte. Im Nachhinein betrachtet, war meine damalige Beziehung – so schmerzhaft und traumatisierend sie auch gewesen war – ein Geschenk des Himmels. Seither konnten von meiner Erfahrung Tausende von Menschen indirekt profitieren, weil ich heute in der Lage bin, Beziehungsdynamiken und Prozesse in einer Klarheit darzustellen, die oft das nötige Licht ins Dunkel nebulöser Verstrickungen bringt, in denen sich viele Menschen in Beziehungen wiederfinden. Sosehr ich in diesem Buch immer wieder verdeutliche, dass Selbstheilung weit über die Ebene des intellektuellen Verstehens hinausgeht, sosehr bin ich mir darüber im Klaren, dass Verstehen der erste Schritt der Heilung ist. Es vermittelt uns ein Gefühl von emotionaler Erleichterung, wenn wir verstehen, warum wir uns wie in Beziehungen verhalten, warum sich unsere Mitmenschen uns gegenüber so verhalten, wie sie es tun, und warum es uns so schwerfällt, Beziehungen zu verlassen, die uns offensichtlich nicht guttun.

MEINE EIGENE GESCHICHTE DES SELBSTVERLUSTES

Als ich Anfang zwanzig war und in besagte Beziehung rutschte, kannte ich das Spiegelprinzip noch nicht. Mir waren weder Co-Abhängigkeit noch Aufopferung oder Muster unsicherer Bindung ein Begriff. Ich hatte keine Ahnung davon, wie viele Lasten wir von unserem Gegenüber übernehmen können, ohne uns dessen bewusst zu sein, dass es nicht unsere Lasten sind. Die Unfähigkeit, loslassen zu können, hing für mich damit zusammen, dass es nun halt mal Liebe war und wir füreinander bestimmt waren. Dass diese Unfähigkeit, loszulassen, sehr oft auf energetischen Verstrickungen und Co-Abhängigkeiten basiert, die wir mit sicherer Bindung verwechseln, kam mir nicht mal ansatzweise in den Sinn. Ich war damals überzeugt, diese Beziehung wirklich zu wollen, und ich war bereit, dafür alle erdenklichen Opfer zu bringen. Und während ich diesen Menschen heute noch – auf einer anderen Ebene – wirklich liebe und wertschätze, war ich damals weit davon entfernt, ihn wirklich als das zu sehen, was er ist. Damals war ich wie besessen, da ich mit allen Mitteln geliebt werden wollte.

Ich will es nicht beschönigen: Diese Beziehung vereinte alle Symptome unsicherer Bindung und war – wie ich später erst in aller Tiefe herausfand – eine totale Retraumatisierung für mein System. Das heißt, sie aktivierte Verletzungen und Wunden in mir, von denen ich nicht mal wusste, dass sie existierten. Dabei war ich meiner Wahrnehmung nach niemand, der sich in Beziehungen einfach so wegwerfen würde: Ich wollte gesehen werden. In meinem Wert erkannt

werden. Wollte, dass mein Gegenüber zärtlich zu mir war und zu mir stand. Gleichzeitig wollte ich für mein Gegenüber da sein, zärtlich, helfend und heilend.
Dennoch war ich nach ein paar Monaten in einer Beziehungsdynamik gefangen, in der ich verbissen um Liebe und Wertschätzung kämpfte, die mir mein Gegenüber nicht zu geben bereit war. Anstatt damals loszulassen und zu erkennen, dass ich hier Liebe offensichtlich mit einem Kampf um Liebe verwechselte, versuchte ich stattdessen, nur noch mehr zu beweisen, wie liebenswert ich war. Ich brachte immer mehr Opfer und stellte meine Bedürfnisse immer mehr hintan, stets mit der Bemühung, ja nicht zu viel, ja nicht zu fordernd und ja nicht zu kompliziert zu sein, um keine weitere Ablehnung und Distanz zu riskieren. Kurzum, ich hatte meine Identität verloren, die Verbindung zu meinen eigenen Grenzen und Bedürfnissen. Und ich begriff dabei die eine Sache nicht, die eigentlich offensichtlich war: In meinem Kampf um Liebe und in der Bemühung, mich ganz den Erwartungen und Bedürfnissen meines Gegenübers anzupassen, setzte ich mein Gegenüber energetisch noch mehr unter Druck, mir etwas zu geben, was nicht gegeben werden konnte. Wer sich selbst so sehr verliert, wie ich es damals getan habe, der rutscht zwangsläufig in eine Bedürftigkeit, die keine gesunde Beziehung jemals in der Lage ist, wirklich aufzufangen.
Ich selbst befand mich in einem Teufelskreis: Je mehr sich mein Gegenüber von mir distanzierte, desto panischer wurden meine Bemühungen, mich seinen Bedürfnissen anzupassen. Und je mehr ich mich verstellte, mich selbst aufgab und versuchte, etwas zu sein, was ich nicht war, desto fragiler wurde mein Selbstwert und desto unattraktiver wurde ich für mein Gegenüber. Sein ständiges »Jein!« hatte meinerseits stets ein »Ich mache alles, damit du mich liebst!« zur Folge. Je abhängiger und bedürftiger ich wurde – und mein Gegenüber spürte das genau, obwohl ich alles daransetzte, so autonom wie möglich zu wirken –, desto mehr stieß mein Gegenüber

mich weg. Niemand von uns beiden sprach das Offensichtliche aus. All dies geschah auf einer subtilen energetischen Ebene von Angst, Schuld, Aufopferung, Ablehnung und Retraumatisierung, über die wir uns gegenseitig spiegelten und in der ich die Rolle des undankbaren Abhängigen einnahm, der alles machte, um sich den Bedürfnissen des Gegenübers anzupassen, und statt Liebe und Wertschätzung immer nur wieder Ablehnung erntete.
Ich hatte vollständig die Kontrolle über mein Leben verloren und lebte das Musterbeispiel einer völlig entgrenzten Beziehung. Wie konnte es nur so weit kommen?
Wir alle kennen die Redewendung »Die Chemie stimmt«. In unserem Fall traf das auch zu. Die Körperchemie stimmte. Unser jeweiliges Traumaprofil und die dahinterliegenden Verletzungen passten zueinander. Auch unsere höheren Potenziale und Fähigkeiten waren in gewisser Hinsicht ähnlich, aber eben zu sehr von den Verletzungen gedeckelt, die wir in der Beziehung ausagierten. Wir waren wirklich der optimale Spiegel füreinander und verwoben uns in dieser Beziehung hauptsächlich über unintegrierte verletzte Anteile, die in dieser Beziehung irgendwie versuchten zu überleben und die alle zur Verfügung stehenden Bewältigungsstrategien aktivierten. In meinem Fall waren das Aufopferung, Anpassung und ein aussichtsloser Kampf um Liebe, den ich nicht gewinnen konnte. Im Fall meines Gegenübers waren das Distanz, Nähevermeidung und Zurückweisung. Was war ich damals wütend auf mein Gegenüber. Allzu oft hatte ich Gedanken wie: *Ich reiße mir hier ständig den Arsch auf und niemand sieht es. Ich versuche, alles für diese Beziehung zu geben, und niemand sieht es. Ich versuche, genau so zu sein, wie man es von mir erwartet, und niemand sieht es.* Ich fühlte mich ohnmächtig und in der Rolle des Opfers, das alles machte und trotzdem nicht gesehen wurde. Allein daran hätte ich eigentlich erkennen müssen, dass ich dabei war, altbewährte Programme meines Familiensystems zu wiederholen. Damals allerdings hatte ich noch nicht die Kapazitäten, dies zu erkennen, geschweige denn es zu heilen.

Damals war ich extrem wütend – sowohl auf mein Gegenüber als auch auf mich selbst. Heute sehe ich: Wir führten diese unsichere, instabile Beziehung nicht, weil es uns an Willensstärke fehlte, etwas Besseres für uns einzufordern, oder weil wir manipulative Menschen waren, die Spaß daran hatten, Spielchen miteinander zu spielen. Nein: Wir führten diese Beziehung aus verwundeten, traumatisierten inneren Anteilen heraus. Jeder von uns beiden war ein zersplittertes Selbst, dem es an einer sicheren Bindung mit den eigenen Grenzen und Bedürfnissen fehlte. Unsere Körperenergiesysteme kannten keine Muster sicherer Bindung und wiederholten kindliche Beziehungsdynamiken von Überanpassung, Aufopferung und gleichzeitiger Panik vor wirklicher Intimität, weil wir uns beide für nicht liebenswert genug empfanden, für das geliebt zu werden, was wir wirklich sind. Wir hatten beide nie eine sichere Bindung erfahren, in der sich zwei Individuen miteinander verbinden und gleichzeitig mit sich selbst verbunden bleiben. Wir kannten es nicht, dass man für sich selbst Verantwortung übernimmt – für die eigenen Emotionen, Bedürfnisse und Grenzen.

Stattdessen lebten wir die unsicheren, ambivalenten Bindungsmuster unserer verletzten Inneren-Kind-Anteile, die ausschließlich am emotionalen Ruder dieser Beziehung saßen. Weil *ich* abhängig war, *konnte* mein Gegenüber nur unabhängig sein. Weil *ich* mich aufopferte, *konnte* mein Gegenüber nur egoistisch und abweisend sein. Weil *ich* so viel hineinprojizierte und um Zuwendung kämpfte, *konnte* mein Gegenüber nur flüchten vor all den Erwartungen und Rollen, die ich überstülpte. Weil *ich* mich selbst so sehr hinterfragte, *konnte* mein Gegenüber nicht anders, als an mir und der Beziehung zu zweifeln. Und weil *ich* eifersüchtig war, *konnte* mein Gegenüber nicht anders, als vollkommen gleichgültig zu sein. Wir lebten das Prinzip unsicherer und ambivalenter Bindung.

In solch einer Bindung gibt es immer nur Extreme, sei es in den Rollen, die die beteiligten Individuen in der Beziehung als Kontrast zum

Gegenüber einnehmen, oder in der eigenen Gefühlswelt, im eigenen Selbstbild und der Wahrnehmung der Beziehung zum Gegenüber. Es existiert kein Fundament von nährender Vertrautheit, auf dem man sich nicht nur über Leidenschaft und Projektion, sondern auch über ehrliche Freundschaft miteinander verbindet. Es ist wie eine Droge, die dem Körperenergiesystem eine absolut verdrehte Version von Liebe suggeriert, die zu einer destruktiven Gewohnheit werden kann. Denn Verlustangst, Aufopferung, Sehnsucht und der Rausch der Verschmelzung haben eines gemeinsam: Sie sind intensiv! Sie wühlen auf – ins Positive wie ins Negative. Sie suggerieren einen permanenten Zustand von Ungewissheit und Angst.

Ich brauchte viele Jahre, um vollständig zu begreifen, was in dieser Beziehung eigentlich mit mir geschehen war. Doch irgendwann fügten sich alle Informationen wie ein Puzzle zusammen. Da erst war ich in der Lage, den Mythos »toxische entgrenzte Beziehung« auf emotionaler, energetischer und körperlicher Ebene zu entschlüsseln und meinen selbstheilerischen Prozess in eine Richtung zu lenken, die mir half, diese Muster zu transformieren.

Doch welche Ursachen liegen dieser instabilen Form von Bindung zugrunde? Und wie können wir sichere Bindung in unserem Leben etablieren?

DIE URSACHEN UNSICHERER BINDUNG

Ich habe bereits die verletzten inneren Kinder erwähnt, die unsere Bindungsagenda determinieren. Vielleicht fragst du dich, warum um alles in der Welt diese inneren Kinder so verletzt sind. Betroffene glauben oft, dass ihre Verletzungen erst in der für sie schädlichen Beziehung entstanden sind. Sie betrachten ebenjene Beziehung als Ursache für die emotionale Krise, in der sie sich wiederfinden. Oder sie verfallen der Illusion, dass sie nur ausreichend an der Partnerschaft arbeiten müssten – an der Kommunikation und am gemeinsamen Wertekodex –, um die Beziehung zu reparieren und für die Beteiligten zufriedenstellende Lösungen anzustreben.

Damit kratzt man jedoch nur an der Oberfläche und heilt das Problem nicht an der Wurzel, denn die ist in der Regel in uns zu finden. Das Problem sind nämlich eben nicht unsere Partner*innen und ihr Verhalten – so sehr es uns auch verletzen mag. Das Problem liegt in erster Linie in uns und dass wir Bindungsmuster verletzter innerer Anteile ausagieren, die sich komplementär zu jenen unseres Gegenübers verhalten. Diese Anteile bestimmen über unsere Emotionen, unsere Körperchemie und darüber, wen wir attraktiv und anziehend finden. Sie kreieren ein Beuteschema, das sich an einem ursprünglichen Bindungstrauma orientiert.

In der Praxis bedeutet das: Wir mögen uns mental dagegen wehren, schädliche Bindungsmuster zu wiederholen, die wir aus unserem Familiensystem kennen, weil wir offensichtlich nicht die Fehler unserer Bezugspersonen wiederholen wollen. Wir mögen an der Oberfläche alles daransetzen, es besser zu machen. Doch unbewusst tragen wir den energetisch-emotionalen Abdruck dieser Muster in uns und agieren ihn über verletzte, teilweise noch in belastenden Erfahrungen gefangene innere Anteile aus. So finden wir uns stets in Beziehungen wieder, die uns diese Verletzungen spiegeln, und zwar so lange, bis wir neue Stadien an Selbstheilung und Selbstverbundenheit erreicht haben und uns deswegen ganz automatisch zu anderen Partner*innen und anderen Beziehungen hingezogen fühlen. Wollen wir dieses Problem an der Wurzel heilen, müssen wir bei uns selbst ansetzen und eine sichere Bindung dort wiederherstellen, wo sie durch Trauma, schädliche Konditionierungen, unerfüllte Bedürfnisse und überschrittene Grenzen verloren gegangen ist.

DER GRUNDSTEIN WIRD IN UNSERER KINDHEIT GELEGT

Jede Form von Bindungstrauma führt uns entweder zu einer Wunde der Verlassenheit oder zu einer Wunde der Vereinnahmung zurück, die, je nach Intensität, die Verbindung mit unseren eigenen Grenzen und Bedürfnissen in unterschiedlichen Graden durchtrennt hat. Wenn ich hier von emotionalen Wunden spreche, dann meine ich damit weniger punktuelle traumatisierende Ereignisse und Situationen, sondern den Gesamtkontext der Bindungsmuster, die wir als Kinder erfahren haben. Und weil wir diese Wunden nie nur einseitig erfahren haben, ist in uns sowohl das Potenzial angelegt, in Beziehungen vollständig abhängig zu sein (= Wunde der Verlassenheit und Ablehnung) als auch die Rolle des stets bindungsängstlichen Parts einzunehmen, der sich schnell eingeengt fühlt (= Wunde der Vereinnahmung).

Viele Menschen machen die Erfahrung, in unterschiedlichen Beziehungen – oder sogar in der gleichen Beziehung – mal mehr mit dem einen, mal mehr mit dem anderen Anteil in ihnen identifiziert gewesen zu sein. Die Wahrheit ist: Solange wir in Mustern unsicherer Bindung gefangen sind, agieren wir meist entweder die eine oder die andere Rolle aus und tun uns schwer, wirklich Beziehungen auf Augenhöhe zu führen, zumal wir sichere Bindung im Rahmen der unsicheren Bindungsagenda (sosehr wir uns auch bewusst danach sehnen mögen) meist gar nicht attraktiv finden.

Wir müssen nicht aus einem absolut zerrütteten Elternhaus kommen, um unsichere Bindungsmuster in uns zu tragen oder Bindungstraumata erlitten zu haben. Wir können sogar auf der Ebene des uns Bewussten absolut davon überzeugt sein, in einem gut behüteten Elternhaus aufgewachsen zu sein, in dem unser Bedürfnis nach Zuwendung und Liebe genauso erfüllt wurde wie unser Bedürfnis nach Autonomie. Dies kann einerseits durchaus zutreffen, andererseits kann es sich um eine Selbstschutzstrategie handeln, die das Bild unserer Eltern und unserer Kindheit beschönigt. In meiner Wahrnehmung geht es allerdings nicht so sehr darum, was uns passiert oder eben nicht passiert ist. Es geht vielmehr um die darunterliegenden Energien, mit denen wir in unserem Bindungskontext konfrontiert waren, und es geht darum, was diese emotional-energetisch mit uns gemacht haben.

Egal, ob deine Mutter oder dein Vater offensichtlich bedürftig waren und tatsächlich Erwartungen an dich gestellt haben, die dir als Kind zu viel waren, oder ob du einfach nur die Bedürftigkeit deiner Eltern auf subtiler Ebene gespürt hast, ihre Überforderung, ihren Mangel, ihren Schmerz und wie sie mit allen Mitteln versucht haben, dies von dir abzuschirmen: Allein das Spüren dieser Energie – allein die Konfrontation damit auf einer subtilen, energetischen Ebene – kann traumatische Spuren in unserem Unterbewusstsein hinterlassen, die wir auf bewusster Ebene oft nicht deuten können. So ist schließlich eine Wunde der Vereinnahmung entstanden, weil du als Kind diese Bedürftigkeiten, Mangelgefühle oder Erwartungen offensichtlich nicht erfüllen konntest. Dies wiederum hat deine Grenzen destabilisiert und emotionalen Nährboden für Schuldgefühle bereitet, die du nun in deinen Beziehungen zu unterdrücken versuchst, indem du dich mit allen Mitteln gegen die Bedürfnisse deines Gegenübers wehrst.

Oder ein anderes Beispiel: Egal, ob deine Eltern dich mit Liebe überschüttet haben oder du offensichtlich nicht die Aufmerksamkeit und Präsenz bekommen hast, die du eigentlich gebraucht hast: Wenn du als Kind den Mangel innerer Präsenz in deinen Bezugspersonen gespürt hast, hast du energetisch diesen Mangel absorbiert und dich verlassen und unsicher gefühlt, und zwar selbst dann, wenn deine Eltern sich noch so große Mühe gaben, dir ihre Zuwendung zu geben.

Ich rate davon ab, dir zu sehr den Kopf darüber zu zerbrechen (außer diese Erkenntnisse kommen intuitiv), warum du Beziehungen führst und wie du sie führst, obwohl doch deine Eltern alles richtig gemacht haben. Als Kinder sind wir unglaublich feinfühlig für die Energien, die – unabhängig von Verhalten und Kommunikation – auf uns einwirken. Wir reagieren dementsprechend irritiert darauf, wenn wir hier Ungereimtheiten wahrnehmen. Vor allem hochempathische Menschen neigen in der Kindheit dazu, unverarbeitete Lasten ihrer Eltern zu absorbieren und daraus Muster in ihrem eigenen Leben zu entwickeln, die viel mehr mit dem Traumaprofil der Eltern zu tun haben als mit dem, was ihnen persönlich in der Kindheit widerfahren ist.

So wirkt sich die Wunde der Verlassenheit aus

Wunden der Verlassenheit entspringen wie gesagt einem Bindungskontext, in dem wir einen Mangel an Wertschätzung, Sicherheit und Geborgenheit erlitten haben und uns von unseren Eltern nie wirklich gesehen gefühlt haben. Vor allem Letzteres ist insbesondere für hochempathische Menschen relevant, da uns Elternteile, selbst wenn sie sich wirklich bemüht haben, manchmal in unserer Andersartigkeit und Individualität nicht in dem Ausmaß sehen und verstehen konnten, wie wir es damals gebraucht hätten.

Wunden der Verlassenheit führen dazu, dass wir in Beziehungen kindliche Bedürfnisse an den Tag legen, die kein Partner und keine Partnerin erfüllen kann. Wir fühlen uns ständig abgelehnt, mögen irgendwann beginnen, diese Bedürfnisse zu unterdrücken, doch werden immer wieder mit der Erfahrung konfrontiert, dass sich Menschen von uns distanzieren, weil wir »zu viel« sind. Sosehr wir uns auch nach Nähe sehnen mögen, so bedrohlich wirkt sie gleichzeitig für unser System, weil sich die schmerzhaften Erfahrungen des Ungeliebtseins jederzeit wiederholen könnten. Wir agieren das Muster der Verlassenheit in der Regel mit Partner*innen aus, die sich nicht auf uns einlassen und von denen wir uns emotional abhängig machen.

So wirkt sich die Wunde der Vereinnahmung aus

Wunden der Vereinnahmung entspringen einem Bindungskontext, in dem wir zu früh das Gefühl hatten, Verantwortung für die Bedürfnisse unserer emotionalen Bezugspersonen tragen zu müssen, denen wir nicht gerecht werden konnten. Wir wurden – offensichtlich oder nur auf subtile energetische Weise – mit Erwartungen und Bedürfnissen konfrontiert, die unserem natürlichen Drang nach Autonomie entgegenstehen, und wurden in Rollen gedrückt, die wir eigentlich nicht bedienen wollten.

Wunden der Vereinnahmung führen dazu, dass unsere Grenzen instabil sind und wir ständig das Gefühl haben, um unsere Freiheit kämpfen zu müssen, uns gleichzeitig dafür aber schuldig und falsch fühlen. Wir agieren in unseren Beziehungen dann einen Kampf um Freiheit mit einem Gegenüber aus, von dessen Bedürfnissen wir uns stets latent bedroht fühlen.

Wir tragen beide Anteile in uns

In der Regel sind wir eine Mischform aus beidem, lediglich in unterschiedlichen Ausprägungen und Facetten. Was in uns gerade getriggert wird und welche Rolle wir dadurch einnehmen, hängt stark von der emotionalen Konstitution unseres Gegenübers ab. Mit Partner*innen, die sich sehr sicher in sich selbst fühlen, werden wir höchstwahrscheinlich dazu neigen, uns ebenfalls sicher in uns zu fühlen. Partner*innen, die starke unterdrückte Traumata von Vereinnahmung oder Verlassenheit in sich tragen, werden unser System an die eigenen Verletzungen erinnern und dementsprechend starke Ängste in uns auslösen. Wir dürfen nicht vergessen, dass wir in einer Beziehung stets »energetisch« miteinander in einem Boot sitzen und dass das, was unser Gegenüber denkt, fühlt und unterdrückt, immer eine energetische Reaktion in uns auslöst.

Es versteht sich von selbst, dass deine Wunden der Verlassenheit in der Regel bei einem Menschen, der sehr abhängig von dir ist, ungetriggert bleiben, während du bei der Konfrontation mit Abhängigkeit Fluchtimpulse verspüren magst, weil sich dein System in seinen Grenzen bedroht fühlt. Partner*innen hingegen, die eher zu Autonomie und Unabhängigkeit neigen, werden höchstwahrscheinlich jene Anteile in dir hervorholen, die Angst davor haben, erneut Verlust und Ablehnung zu erfahren.

Ich habe die Erfahrung gemacht, dass beide verletzten Pole – jener der verletzten Freiheit und jener der verletzten Sicherheit – wirklich in uns integriert und geheilt werden wollen, wenn wir Beziehungen auf Augenhöhe leben wollen, in der sich beide Partner*innen einem gemeinsamen Wachstum verpflichten. Deswegen sollten wir die Spiegel, die wir in Beziehungen erfahren, wirklich ernst nehmen und uns fragen: *Was in mir geht mit genau diesem Menschen in Resonanz? Welche Anteile in mir stellen sich zur Verfügung, so von meinem Gegenüber behandelt zu werden? Was in mir muss heilen, damit ich Beziehungen mehr aus meiner reinen Essenz heraus führen kann?* Du wirst – und das kann ich dir garantieren – Antworten bekommen und fühlen, was in dir hier einer tieferen Integration und Heilung bedarf, damit du die alten Muster nicht mehr wiederholen musst.

DIE SCHUTZSTRATEGIE UNSERES SYSTEMS

Egal, ob wir in Beziehungen unsere Wunde der Verlassenheit oder jene der Vereinnahmung ausagieren, egal, ob wir uns in Abhängigkeit wiederfinden oder jene Rolle einnehmen, aus der heraus wir uns distanzieren und mauern: Beide Rollen entspringen einer Schutzstrategie des Systems, die wirkliche Intimität auf Augenhöhe vermeidet. Während dies bei aktiven Bindungsphobiker*innen relativ offensichtlich ist, neigen passive Bindungsphobiker*innen – Menschen, die sich immer zu Partner*innen hingezogen fühlen, die sich nicht auf sie einlassen – dazu, die Wahrheit ihrer eigenen Angst vor Nähe zu verschleiern. Dabei ist es unglaublich wichtig und auch entlastend, zu erkennen: Wenn wir immer wieder bei Partner*innen landen, die sich nicht auf uns einlassen und von denen wir uns immer wieder abgestoßen oder abgelehnt fühlen, ist dies genauso eine Nähevermeidungsstrategie unseres Systems wie jene der aktiven Bindungsangst, die andere Menschen von sich fernzuhalten versucht.

Wenn wir uns in einer Beziehung wiederfinden, in der ein Part stets mauert und der andere sich abhängig macht, tun wir gut daran zu erkennen, dass wir hier beide eine auf Bindungstrauma basierende unsichere Beziehung mit uns selbst ausagieren. Dass wir beide in Dynamiken gefangen sind, die wirkliche Intimität sabotieren. Und dass wir dementsprechend beide dazu aufgerufen sind, hier die emotionale Verantwortung für unseren Part zu übernehmen.

Es geht darum, die Rückverbindung zu jenen verloren gegangenen Grenzen und Bedürfnissen zu initiieren, die sich in der Beziehung zu unseren Partner*innen spiegelt. Immer wieder geht es hier darum, das zu heilen, was im Schmerz von Verlassenheit oder Vereinnahmung feststeckt und jegliche Erfahrung von Nähe und Verbundenheit deswegen mit dem Label »brandgefährlich« versehen hat.

Je mehr Rückverbindung und Selbstheilung in Bezug auf diese alten Wunden in unserem System geschieht, desto mehr sind wir in der Lage, die alten Schutzstrategien loszulassen und Kapazitäten für Beziehungen auf Augenhöhe zu gewinnen, die die Polarität von extremer Abhängigkeit oder Unabhängigkeit überwinden und das ermöglichen, was wir alle wirklich wollen: Verbundenheit, in der wir uns in unseren Grenzen und Bedürfnissen gesehen und geliebt fühlen.

Aus eigener Erfahrung kann ich sagen: Je mehr Nähe wir zulassen können, desto mehr vermeiden wir ganz organisch Beziehungen, in denen wir entweder ständig um unsere Freiheit oder um die Liebe unseres Gegenübers kämpfen müssen. Die Resonanz zu unsicherer Bindung geht verloren, weil wir die Beziehung zu uns selbst geheilt haben. Wir »matchen« mit Menschen über höhere Bewusstseinsqualitäten, was im kommenden Kapitel noch genauer erläutert wird.

VON DER TRAUMABEZIEHUNG ZUR SPIRIT-BEZIEHUNG

Wenn wir einen geliebten Mitmenschen in einer Beziehung beobachten, die ihm augenscheinlich nicht guttut, ist es leicht zu sagen: »Du musst endlich aus dieser Beziehung raus!« Doch wenn es uns selbst betrifft, sind wir oft blind für die Dynamiken, die uns fesseln, die uns feststecken lassen im emotionalen Sumpf von Co-Abhängigkeit, Mangel oder sogar Missbrauch und die uns teilweise so sehr manipulieren, dass wir diesen Rahmen auch noch für vollkommen normal halten.

Ich habe es bereits oben erwähnt: Der emotionale Sog unserer inneren Verletzungen ist groß und er bildet einen oftmals sehr hartnäckigen Beziehungskleber, der ein Loslassen – sosehr es auch bewusst gewünscht sein mag – stark erschweren kann. Ein unbewusster Anteil, der beispielsweise in einer alten Verletzung der Verlassenheit feststeckt, will aus seiner Traumarealität heraus logischerweise auch dann noch vom Gegenüber endlich, endlich geliebt werden, wenn es sich objektiv gesehen um eine ungesunde Beziehung handelt, die den Traumakreislauf weiter befeuert, anstatt ihn zu heilen. Der Kontakt mit diesen in uns nach Erlösung rufenden Anteilen mag zwar unglaublich schmerzhaft sein, doch er kann – wenn wir ihn als solchen begreifen und die Chance nutzen – jene heilende Transformation einleiten, die unsere Beziehungsresonanz auf eine höhere Bewusstseinsstufe hebt.

DIE HEILENDE TRANSFORMATION EINLEITEN

Ich möchte hier klarstellen: Will eine Form von traumabasierter unsicherer Bindung transformiert werden und wird der Anspruch gestellt, dass sich die Beziehung von innen heraus wirklich heilt, müssen beide Partner*innen im selben Maße Verantwortung dafür übernehmen. Ansonsten bleibt die einseitige Heilarbeit eines Parts im Sinne der Beziehung ein Aufopferungsmuster, aus dem heraus die Beziehung entstanden ist. So funktioniert das nicht.

Noch weniger funktioniert die gern bediente Therapeutenrolle, in dessen Kontext ein Part versucht, sein Gegenüber zu heilen und zu retten. Auch diese Rolle birgt trotz allem Anschein bedingungslos liebender Aufopferung immer auch den Versuch der Selbsterhöhung in sich. Die co-abhängige Therapeutenrolle ist ein Muster, mit dem wir Verbundenheit zu erzeugen versuchen, in der Regel aber nur noch mehr Spaltung ernten. Wir laden die Lasten unseres Gegenübers auf uns, nehmen ihm die Eigenverantwortung ab und fühlen uns dadurch unentbehrlich. Sosehr sich gewisse Anteile unseres Gegeübers dieses Gerettetwerden von uns auch wünschen mögen, beginnen andere, sich davon vereinnahmt oder in ihren Grenzen verletzt zu fühlen. So provozieren wir also – und wir können es noch so gut meinen – erneut Ablehnung und verwehren uns das, was wir eigentlich wollen: eine Beziehung auf Augenhöhe.

Würden wir die Energie nutzen, die wir investieren, um unsere Partner*innen zu analysieren, zu bewerten, zu therapieren oder gar zu retten, um stattdessen für uns selbst da zu sein und auf tieferer Ebene zu heilen, würden wir dieses hartnäckige Muster der Co-Abhängigkeit schrittweise durchbrechen. Dadurch erhöht sich die Wahrscheinlichkeit enorm, dass sich die Beziehung von den toxischen Elementen befreien und auf eine neue Ebene von gesunder Verbundenheit gelangen kann. Fakt ist: Du kannst deinen Partner oder deine Partnerin nicht verändern. Du kannst die Beziehung als Ganzes nicht verändern und erst recht kannst du nicht erzwingen, dass sie endlich funktioniert. Das Einzige, was du tun kannst, ist, bei dir selbst anzusetzen und in dir selbst neue Stadien von Heilung und Integrität zu erreichen. Auf dem Fundament dieses stabileren Selbst wirst du dann entweder deinen Partner oder deine Partnerin anstecken, auf diesem Weg »mitzuziehen«, oder du wirst aus dir heraus die Kapazitäten entwickeln, die Beziehung in Frieden zu verlassen, weil du genau spürst, dass du den alten Strukturen der ungesunden Beziehung entwachsen bist und nun etwas anderes willst. Ich möchte es hier noch mal betonen: In einer Beziehung stecken zu bleiben, in der du dich selbst manipulierst, dabei zu heilen und dich zu deinem besten Selbst zu entwickeln, ist keine Liebe, sondern ein Muster der Co-Abhängigkeit.

Wie sieht das also in der Praxis aus? Bei all den schönen Vorstellungen darüber, wie zwei Partner*innen in Beziehungen miteinander wachsen, heilen und sich zu ihrem besten Selbst entwickeln, muss uns trotzdem klar sein: Es braucht immer zwei dazu und meist ein bereits vorhandenes Stadium an emotionaler Reife und Bewusstheit, das die Voraussetzungen schafft, um diesen Weg der Selbstheilung wirklich konsequent und nachhaltig gehen zu können. Es ist ein Riesenunterschied, ob ein Mensch sich von dir dazu überreden lässt, jetzt endlich mal mit einer Therapie anzufangen, oder ob er wirklich aus sich heraus konsequent und nachhaltig notwendige Schritte der Heilung zu unternehmen bereit ist und dafür einen »inneren Drive« verspürt, der nicht sofort verpufft, wenn eure Beziehung gerade wieder einigermaßen gekittet und damit erträglich ist.

Viele Menschen haben noch nicht – und das dürfen wir respektieren – die Ressourcen für den Weg, den es brauchen würde, um ihren alten Mustern zu entwachsen und wirklich erfüllte Beziehungen zu kreieren. Und in solchen Fällen ist eine Trennung unausweichlich, weil es ohne die notwendigen Ressourcen nicht möglich ist, die »Spiegel« auf sicherem Boden zu heilen, ohne einander ständig zu verletzen oder sich sogar noch mehr zu destabilisieren.

Ich habe viele Menschen gesehen, die sich selbst einreden, sie müssten in einer ungesunden Beziehung bleiben, um hier zu lernen und zu wachsen. Diesen Menschen sage ich oft: »Du kannst nicht erwarten, nachhaltig zu heilen, wenn du jeden Tag aufs Neue wieder ins Säurebad steigst.« Mit dem Säurebad ist hier die Dynamik ungesunder Beziehungen gemeint, die uns immer wieder destabilisiert und unser System aufs Neue retraumatisieren kann. Eine mitfühlende Haltung uns selbst gegenüber ist hier essenziell: Wir sollten uns nicht – das wäre das alte Muster der Aufopferung – einer Beziehung ausliefern, die uns heilungstechnisch maßlos überfordert. Ein »Ich schaff das schon« kann hier zu einem Akt der Selbstsabotage werden, vor allem dann, wenn du es mit Partner*innen zu tun hast, die nur wenig oder vielleicht gar nicht mitziehen. In solchen Fällen ist eine Trennung stets ein Akt der Selbstliebe, auf den wir stolz sein können und der es uns ermöglicht, auf sicherem Boden neue Schritte der Selbstheilung zu gehen.
Manchmal müssen wir diese Ressourcen erst auf einem sicheren Boden des Alleinseins in uns selbst entwickeln und uns darin stabilisieren, bevor wir dann – auf einem stabileren Fundament in uns selbst – in einer anderen Beziehung weiter üben und heilen können. Je mehr der toxischen Traumaelemente, die sich in unseren Beziehungen zeigen, in uns selbst geheilt sind, desto mehr beginnen unsere Beziehungen in höheren Bewusstseinsqualitäten zu resonieren. Wir betreten die Ebene von »Spirit-Beziehungen«.

IN EINE SPIRIT-BEZIEHUNG KOMMEN

Wenn unser System nur Referenzerfahrungen kennt, in denen wir uns verlassen, abgelehnt, unterdrückt oder nicht gesehen gefühlt haben, dürfen wir geduldig und liebevoll mit uns sein, wenn es darum geht, neue Bindungsmuster zu entwickeln. Wer sich jahrelang in toxischen Beziehungen verwickelt hat, wird erstaunt sein, wie geerdet, sicher und solide sich eine Beziehung anfühlen mag, die auf sicherer Bindung beruht. Vielleicht wird diese Sicherheit sogar zunächst mit Langeweile und Leidenschaftslosigkeit verwechselt.

Ich möchte Menschen, die immer wieder ungesunde Bindungsmuster bedient haben, dazu animieren, das Beziehungshopping – also von einer Beziehung direkt in die nächste zu gehen, wie es sehr oft praktiziert wird – für eine Weile einzustellen und sich wirklich einer Phase des Alleinseins zu verpflichten, in der sie komplett ausnüchtern, heilen und die Beziehungsdroge loslassen können, an der sich ihr System immer und immer wieder berauscht hat. Gib dir die Zeit, integrer, heiler, ganzer und vollständiger zu sein, bevor du dich auf weitere Beziehungsabenteuer einlässt, und gib deinem System die Zeit, sich in Sachen Beziehung neu zu kalibrieren.

Wer lange Jahre in ungesunden Beziehungen war, wird feststellen, dass das System sogar noch nach Monaten oder Jahren immer wieder neue unverarbeitete Emotionen ans Tageslicht holt, die erst jetzt verarbeitet werden können, weil es auf dem Tretminenfeld ungesunder Beziehungen damals schlichtweg an den notwendigen Kapazitäten fehlte. Das ist vollkommen normal und dient einem organischen, gesunden Prozess des Loslassens, in dem Emotionen einfach gefühlt und verarbeitet werden dürfen. Wir dürfen uns dabei daran erinnern, wie viel Schmerz wir teilweise unterdrücken mussten, um in ungesunden Beziehungen irgendwie zu funktionieren, und wie viele emotionale Energie die Muster bedient haben. Diese Energie kann jetzt endlich entladen werden.

Je mehr wir uns diesem Gesundungsprozess verpflichten, je mehr Raum und Weichheit wir uns dabei schenken, desto mehr werden wir feststellen, dass auch die Menschen, die wir in unser Leben ziehen, selbstreflektierter, weicher und liebevoller mit uns umgehen – ganz einfach aus dem Grund, weil wir es selbst mit uns tun. Indem wir eine weiche, sichere, liebevolle Bindung mit uns selbst eingehen, kreieren wir einen Resonanzboden dafür, dass solche Beziehungen auch in unser Leben kommen können. Unser System gewinnt dann mehr und mehr Kapazitäten der Empfänglichkeit für wirkliche Nähe, die wir zuvor mit Aufopferung und Kampf verwechselt haben. Natürlich heißt das nicht, dass uns jegliche Form negativer Erfahrung vollends erspart bleibt. Trotzdem – und das ist das Wichtigste – werden wir immer größere Kapazitäten darin entwickeln, NEIN zu sagen zu Partner*innen und Mustern, die uns nicht guttun. Wir bemerken, dass wir mehr für unsere Bedürfnisse und Grenzen einstehen und uns nicht mehr offensichtlich toxischen Beziehungsmustern einfach so hingeben. Unser emotionaler Beziehungskompass wird klarer, unser Bindungsverhalten solider und anstatt von Tag eins an mit unserem Gegenüber zu verschmelzen und zwischen »Love Bombing« und Liebesentzug hin und her zu schwanken, wie wir es früher getan haben, werden wir Gefallen an »Slow Dating« finden und daran, eine Beziehung in dem Tempo reifen zu lassen, das es braucht, um sich miteinander sicher und solide jenseits irgendwelcher Verschmelzungsfantasien zu fühlen.

Werden dir Enttäuschungen erspart bleiben? Nein. Wirst du nur noch Partner*innen fürs Leben anziehen? Nein. Aber – und das ist das Allerwichtigste: Du erreichst ein Stadium der Selbstverbundenheit, das dir dabei hilft, die Finger von allem zu lassen, was dir schadet, und ganz natürlich mit dem zu resonieren, was dir guttut. Und je stabiler diese Integrität in dir wird, desto größer ist die Chance, wirklich eine Person zu finden, mit der du dich über eine höhere »Spirit-Ebene« auf einem grundsoliden Fundament verbinden kannst.

Ich selbst verstehe unter Spirit-Beziehung eine Seelenpartnerschaft (»Soulmates«), die den Beziehungskleber in uns verwundeter Anteile transformiert hat und in der sich die Partner*innen nun in weiten Teilen über höhere Bewusstseinsqualitäten miteinander verbinden. Dabei müssen wir weder perfekt noch übernatürlich bedürfnislos sein. Wir fühlen uns zunehmend vollständig, auch in der Verbindung mit unseren ureigenen Bedürfnissen, die wir im Zustand der Abspaltung vor uns selbst und unseren Partner*innen oft noch verstecken. Wir haben erkannt, dass kein Partner und keine Partnerin dieser Welt uns innerlich vervollständigen kann, und können trotzdem keinen Beziehungskontext mehr akzeptieren, in dem wir uns nie gesehen oder unterstützt fühlen. Durch den Weg der Selbstheilung, den wir beschritten haben, resonieren wir automatisch in einer höheren Frequenz von Erfüllung und können demnach auch nur noch Beziehungen führen, die in ihrer Qualität ein Spiegel unserer eigenen inneren Ganzheit sind. Bei all dem Hype um Seelenpartnerschaften und Zwillingsflammen im spirituellen Jargon: Eine Beziehung muss lebbar sein. Sie muss möglich sein. Und sie bedarf eines Menschen, der bereit ist, diesen Weg mit uns zu gehen.

In Spirit-Beziehungen treten wir mit einer Person also den Weg eines gemeinsamen Wachstums an, um miteinander eine Form von Verbundenheit zu kreieren, die größer ist als nur die Liebe zwischen zwei Menschen. Spirit-Beziehungen haben für mich die spirituelle Note einer höheren Vision, die beide Akteur*innen miteinander teilen. Vielleicht denkst du nun: *Ich brauche keine höhere Vision. Ich will einfach nur jemanden, mit dem ich glücklich sein kann.*

Lass mich diesbezüglich ein paar Worte sagen. Vor vielen Jahren saß ich im Rahmen einer Mitfahrgelegenheit mit einem jungen Pärchen in einem Auto und wurde zum ersten Mal mit der Energie dessen konfrontiert, was es heißt, sich wirklich über höhere Spirit-Qualitäten zu verbinden. Im Falle dieses Paares war es die Leidenschaft für Musik, eine gemeinsame kreative Vision, es war ein Raum des Seins, über den sie miteinander musizierten und kreativ waren. Bei Spirit-Beziehungen – und dabei ist es egal, ob sie romantischer oder freundschaftlicher Art sind – existiert als Nebenprodukt der Verbindung zweier Menschen ein kreativer Output für die Menschheit als Ganzes. Das kann Musik sein, wie im Falle des Pärchens aus dem

integriertes Selbst

SPIRIT-BEZIEHUNGEN

Gemeinsame Visionen

leidenschaftlich	gemeinsam wachsend	neugierig
glücklich	spirituell verbunden	abenteuerlich
lebendig	vollständig	freudvoll
zeitlos	kreativ	dynamisch

Erfüllung

gesehen	sicher	vertraut
verstanden	anerkannt	gehört
geliebt	wertgeschätzt	zugehörig
gehalten	geborgen	verbunden

Ausdehnung

ehrlich	verständnisvoll	befreit
authentisch	mitfühlend mit sich selbst	selbstbewusst
verletzlich	entschlossen	vertrauensvoll
weich	mutig	mutig
empathisch	annehmend	committed

WENDEPUNKT: SICH ZUR SELBSTHEILUNG VERPFLICHTEN

Kontrolle

eingeengt	entmündigt	aggressiv
ohnmächtig	vereinnahmt	vorwurfsvoll
ausgeliefert	angeklagt	beschämt
verpflichtet	bewertet	herabgesetzt
gefangen	wütend	verraten

Mangel

traurig	abgelehnt	ignoriert
ungeliebt	abhängig	enttäuscht
ungehört	unerwünscht	frustriert
ungesehen	einsam	distanziert
unverstanden	zurückgewiesen	»On-and-Off«

Aufopferung

schuldig	falsch	depressiv
wertlos	nicht gut genug	erstarrt
kleingemacht	hilflos	verloren
unfrei	sinnlos	ausgenutzt

zersplittertes Selbst

TRAUMABINDUNG

Egal, wo du in deinen Beziehungen gerade stehst, ob sie sich hauptsächlich im Bereich der Traumabindung befinden, du erfüllte Spirit-Beziehungen oder eine Mischform aus beiden lebst: Du stehst, wo du stehst! Und du kannst durch diesen emotionalen Selbstcheck herausfinden, wo dein Selbst noch in Wunden und negativen Kerngefühlen zersplittert ist und nach Heilung ruft.

TRANSFORMATION VON BEZIEHUNGEN

Hochempathische traumatisierte Menschen eint in der Regel besonders ein Merkmal, das ich immer wieder beobachten kann: Es ist die Härte zu sich, das mangelnde Mitgefühl mit sich selbst. Ich konnte dies bei mir selbst über viele Jahre beobachten und ich konnte sehen, dass sich diese Härte auch in meiner spirituellen Reise widerspiegelte, auf der ich stets zu übersteigertem Perfektionismus und zu einer Form von Selbstoptimierung neigte.

An jenem Punkt, als ich begann, mich tiefer mit meinen eigenen Traumata auseinanderzusetzen und selbst meine dunkelsten Wesensanteile in diese Ganzheit zu integrieren, konnte ich diese Härte mir selbst gegenüber immer mehr loslassen. Während der spirituelle Ehrgeiz und die Willenskraft bereits ausreichend integriert waren, waren es vielmehr die wachsende Weichheit und das Mitgefühl mit mir selbst, die meine Arbeit auf eine ganz andere Ebene hoben und eine tiefe, versöhnliche Rückverbindung mit meinem Körper, meinen Emotionen und meinen abgespaltenen Traumaanteilen auslösten. Nicht nur war ich geerdeter in meinem Körper, ruhiger und ruhender in mir selbst, auch meine spirituellen Kanäle öffneten sich enorm, meine Wahrnehmung wurde noch feiner und der Healing Space, den ich für andere erschuf, wurde immer weicher, liebevoller und entspannter, sodass Menschen sich immer schneller einlassen und ihre inneren Widerstände dahinschmelzen konnten.

Dieses erste Kapitel des Buches zielte darauf ab, dir vor Augen zu führen, warum du Beziehungen führst, wie du sie führst. Du hast im Selbstcheck vielleicht festgestellt, dass du Beziehungen vor allem im Bereich negativer Emotionsebenen führst und diese mit Liebe assoziierst. Vielleicht hat es dich stellenweise erschreckt, vielleicht hast du dich hin und wieder ertappt gefühlt und vielleicht hat dich dein Verstand auch mit Selbstkritik und Selbstverurteilung gelockt und du hast dich gefragt: *Genau so ist es. Warum kann ich das nicht einfach loslassen?*

Die Arbeit mit Menschen, die in ungesunden Beziehungen feststecken, hat mich gelehrt, dass Loslassen mit der Brechstange nicht funktioniert, weil es kein Prozess ist, der mental gesteuert werden kann. Viele von uns denken immer noch, Heilung oder Transformation sei eine Sache bloßer Willenskraft. Das mag in gewissen Bereichen unseres Lebens zu einem bestimmten Grad funktionieren, doch in Beziehungen scheitern wir damit, wenn wir mit bloßer Willenskraft loslassen oder neue Muster etablieren wollen. Wir erzeugen dadurch sogar noch mehr Druck, noch mehr Abspaltung und vor allem noch mehr Schuld und Selbstverurteilung in Bezug auf die Anteile in uns, die nicht so funktionieren, wie wir uns das wünschen.

Unsere traumatisierten inneren Kinder brauchen keine Willenskraft, keinen Druck und auch keinen Selbstoptimierungszwang. Sie brauchen Mitgefühl. Sie brauchen Kapazität, um alte unterdrückte Emotionen zu öffnen, und sie brauchen Vertrauen, dass sie nicht für das verurteilt werden, was sie fühlen. Dann erlangen sie Schritt für Schritt die Kapazitäten, die es braucht, um wieder in die Ganzheit unseres Systems zurückzukehren und das loszulassen, was unserem höchsten Wohl nicht dienlich ist. Nicht durch Zwang. Nicht durch Druck. Sondern durch die heilende Ressource von Mitgefühl.

ALLTAGSRITUAL: EINS WERDEN MIT DEINEN BEDÜRFNISSEN

Wir sind so sehr gewohnt, vor unseren negativen Emotionen in Beziehungen zu flüchten, dass wir dadurch auch sehr oft die dahinterliegenden unerfüllten Bedürfnisse negieren und diese unbewusst ständig auf unsere Mitmenschen projizieren.
Egal, ob im Job, in Partnerschaften oder sogar mit Kindern: Je mehr wir die Verbundenheit zu dem verlieren, was wir uns in gewissen Momenten wirklich wünschen, desto frustrierter werden wir und desto stärker werden unsere inneren Opferanteile aus deren Perspektive wir uns grundsätzlich nie gehört, verstanden oder gesehen fühlen. Es wird Zeit, dass wir lernen, uns zu hören, zu verstehen und zu sehen, um anderen Menschen ein Resonanzfeld zu ermöglichen, in dem sie es ebenfalls tun können. Denn meistens erlauben wir uns die Bedürfnisse, die uns im Außen nicht erfüllt werden, auch selbst nicht. Um deine Bedürfnisse zurück in die Selbstliebe zu holen, probiere es mit folgender Übung.

»Was ist das Bedürfnis hinter dieser Emotion?«

Immer wenn du dich unverstanden, ungesehen oder ungehört fühlst oder eine andere Emotion aus der Bewusstseinsskala im Bereich der Traumabindung empfindest, halte einen Moment inne und frage dich:

»Was ist das Bedürfnis hinter dieser Emotion?«

Spüre, fühle, nimm wahr, wie dein System auf diese Frage reagiert und vor allem, wo in deinem Körper du dieses unerfüllte Bedürfnis wahrnimmst. Ist es ein Ziehen, ein Drücken oder ein Gefühl von Schwere oder Leere?

Schenke diesem Bedürfnis nun liebevolle Aufmerksamkeit. Sage ihm: »Ich höre dich. Ich verstehe dich. Ich sehe dich!« Gib der Energie des Bedürfnisses Raum und lass es durch deinen Körper strömen. Alle Zellen dürfen dieses Bedürfnis jetzt erlauben, so kindlich oder schambehaftet es für dich auch sein mag. Du wirst feststellen, dass sich Bedürfnisse wieder in ein gesundes Maß rückintegrieren, je mehr Mitgefühl und Erlaubnis wir ihnen schenken. Und genau diese Ressource von Mitgefühl, die es hierfür braucht, beginnen wir Schritt für Schritt in der nächsten Heilmeditation zu aktivieren.

HEILMEDITATION FÜR MITGEFÜHL UND WEICHHEIT

Wir dürfen auf diesem Weg zu einem Container von Mitgefühl und Weichheit für uns selbst werden. Dann werden wir feststellen, dass wir dadurch schneller, tiefer und vor allem stressfreier ganzheitliche Veränderungen generieren. Mitgefühl für uns selbst ist eine starke Heilungsressource, die in vielen von uns durch Trauma, Selbstverurteilung und ein Umfeld, das ebenfalls hart und perfektionistisch mit uns selbst war, vollkommen betäubt wurde und deswegen nicht mehr oder nur noch wenig zugänglich ist.
Im Downloadbereich (s. Seite 11) findest du die Meditation »Die Ressource von Mitgefühl in dir aktivieren«. Sofern dein System es zulassen kann, darfst du dich damit in weichen, mitfühlenden und erlaubenden Heilfrequenzen baden. Ich empfehle diese Meditation vor allem jenen Menschen, die dazu neigen, sehr hart und verurteilend mit sich selbst umzugehen. Mit den eigenen vermeintlichen Schwächen und Fehlern mitfühlend und weich zu werden – immer und immer wieder –, kann Wunder bewirken.

Was nimmst du aus diesem Kapitel mit?

- Durch Wunden der Verlassenheit und Wunden der Vereinnahmung, die in unserem System traumatische Spuren hinterlassen haben, verlieren wir die Verbindung zu uns selbst und unseren ureigenen Grenzen und Bedürfnissen. So führen wir eine unsichere Beziehung mit uns selbst, was sich durch unsichere Bindungsmuster in unseren Beziehungen im Außen widerspiegelt.
- Unsichere Bindung im Außen äußert sich dadurch, dass wir – je nach Partner*in – zwischen Nähevermeidung und Verschmelzungssehnsucht hin und her lavieren. Typische Elemente davon sind Aufopferung, Co-Abhängigkeit oder eben Bindungsangst oder sogar totale Beziehungslosigkeit.
- Wir fühlen uns magisch zu jenen Menschen hingezogen, die Facetten des Bindungskontextes widerspiegeln, der uns vertraut erscheint.
- Verletzte innere Kinder bestimmen unsere Beziehungsagenda und vermitteln uns auf emotionaler Ebene ein verdrehtes Bild von Liebe, das Bindung mit den Urwunden unserer Kindheit assoziiert. Sind wir etwa in einer Familie großgeworden, in der Aufopferung und Selbstaufgabe zum normalen Beziehungsalltag gehörten, wird sich diese Energie in den Beziehungen, die wir führen, irgendwo widerspiegeln. Daher kämpfen wir entweder ständig aufopfernd um Liebe oder wir wählen Partner*innen, die sich für uns aufopfern. Diese Rollen können sich innerhalb einer

Beziehung oder innerhalb mehrerer Beziehungen abwechseln, weil beide Akteur*innen stets beide Pole in sich tragen.

- Beziehungen, die von dieser Form von Traumabindung gekennzeichnet sind, zeichnen sich dadurch aus, dass immer ein Part um die Beziehung und die Liebe kämpft, während der andere kaum oder nur wenig Verantwortung übernehmen möchte. Dies ist der symptomatische Bestandteil der typischen Co-Abhängigkeit und Aufopferung, in der unsere Inneren-Kind-Anteile oft gefangen sind.
- Heilung und Transformation von Beziehungen ist nachhaltig nur dann möglich, wenn beide Partner*innen individuell Verantwortung für den Spiegel übernehmen, der ihnen vorgehalten wird, und durch einen Weg der Selbstheilung auch Heilung für die Beziehung als Ganzes initiieren.
- Abhängigkeit ist genauso eine Schutzstrategie des Systems gegen wirkliche Nähe wie Distanz. Unser System hat diese Schutzstrategien entwickelt, um altes Bindungstrauma von Verlassenheit oder Vereinnahmung zu kompensieren.
- Je mehr Ganzheit und Integration in unserem System geschehen ist, desto mehr beginnen wir Beziehungen im Frequenzbereich von »Spirit-Beziehungen« zu führen. Es herrscht hier bereits ein stabiles Fundament an emotionaler Reife und einer höheren Bewusstheit.
- In Spirit-Beziehungen hören wir auf, unserem Gegenüber unseren Wert beweisen zu müssen. Wir fühlen uns sicher in uns selbst und können uns deswegen auch auf wirkliche Intimität einlassen, ohne ständig unbewusst von unseren Wunden der Vereinnahmung und Verlassenheit und daraus resultierenden Abhängigkeiten und Bindungsängsten gesteuert zu werden.

Kapitel 2

Fehlende Grenzen auf energetischer Ebene verstehen

HOCHEMPATHIE ALS GABE ANNEHMEN

Für viele Betroffene ist das Thema Hochempathie und Hochsensibilität mit ständiger emotionaler Überforderung assoziiert. Es scheint wie ein Fluch, vor dem es kein Entrinnen gibt und der uns ein Leben lang dazu zwingt, die Lasten für andere zu tragen.

Ich finde hier wichtig zu unterscheiden: Hochempathie – die Fähigkeit, die Emotionen, Energien und Stimmungen anderer Menschen wahrzunehmen – ist eine wundervolle Gabe, solange sie mit gesunden Grenzen versehen ist. So fühlen wir, was andere fühlen, doch wir können hier ganz natürlich »zurückgeben«, was nicht unseres ist.

Ist diese Gabe allerdings durch Trauma zu weiten Teilen »entgrenzt«, so können wir aus dem dadurch entstandenen zersplitterten Selbst heraus tatsächlich nicht anders, als energetisch ständig im Außen anzudocken und das zu absorbieren, was dort auf uns einwirkt. Dann sind wir tatsächlich die ganze Zeit subtil oder offensichtlich emotional überwältigt und haben Probleme damit, eine klare Grenze zwischen unseren Empfindungen und jenen unserer Mitmenschen zu ziehen.

Bei mir äußert sich Hochempathie als eine ausgeprägte »Hellfühligkeit«, über die ich über meinen eigenen Körper das fühlen und wahrnehmen kann, was in anderen Menschen vor sich geht. Meine Arbeit wird maßgeblich von dieser Fähigkeit bereichert und ermög-

licht mir – wenn es gewünscht wird –, in den Körper anderer Menschen »einzutauchen« und hier dementsprechend auf energetischer Ebene Transformation und Veränderung zu initiieren. Diese Fähigkeit hat sich über all die Jahre meiner Entwicklung immer mehr gesteigert. Sie braucht allerdings einen sicheren Hafen an Integration, aus dem heraus wir sie auf einer Basis von sicheren Grenzen sicher und heilsam nutzen können, ohne uns dabei vollkommen zu verlieren. Es bedarf der Heilung des zersplitterten Selbst zum integrierten Selbst, das unsere Hochsensitivität mit gesunden Grenzen versieht und das Potenzial, das ihr zugrunde liegt, wahrlich zum Leuchten bringt!
Wer sich mit diesem Thema auf wissenschaftlicher Ebene auseinandersetzen möchte, dem empfehle ich das Buch *Neurosensitivität* von Dr. Patrice Wyrsch, der auf wissenschaftlicher Ebene viele Phänomene beschreibt, die ich auf emotional-energetischer Ebene fühle.[2]

MEINE EIGENE GESCHICHTE DER HOCHEMPATHIE

Meine Mutter erzählte mir oft: »Weißt du, Ludwig, ich hatte immer das Gefühl, mit dir ein bisschen nachsichtiger sein zu müssen. Ich habe immer gespürt, dass du anders bist und es irgendwie nicht so einfach hast.«
Ich fand diesen Mutterinstinkt interessant. Tatsächlich reagierte ich als Kind in gewissen Situationen, als würde die Welt für mich zusammenbrechen, vor allem wenn man mich kritisierte oder mir anderweitig das Gefühl gab, etwas falsch gemacht zu haben. Jedes Mal, wenn so etwas passierte, brach ich innerlich zusammen und eine Stresswelle ungeahnten Ausmaßes überrollte meinen Körper. Auch wenn ich die damit verbundenen Traumaanteile heute gut integriert

habe, kann ich diese Welle noch immer teilweise subtil spüren, wenn ähnliche Situationen passieren: Der Körper erinnert sich!

Ich war – wie man es in der Laiensprache bezeichnet – ein »Sensibelchen«. In meiner bewussten Wahrnehmung spielte das zu Beginn meiner spirituellen Entwicklung keine wirkliche Rolle. Das tut es im Übrigen auch heute nicht, wenngleich ich es unglaublich wichtig finde, Menschen über die Auswirkungen von Hochempathie aufzuklären, was es energetisch mit uns macht und wie die Dynamiken integriert und auf eine heilsame Weise gemanagt werden können, sodass wir keinen Schaden davon nehmen, sondern profitieren können.

Nachdem ich, angestoßen von meiner »Dramabeziehung«, also auf energieheilerischer Ebene begann, mit mir selbst zu arbeiten, bemerkte ich, dass ich energetisch feinfühliger wurde. Ich spürte meine Emotionen intensiver und ich spürte auch andere Menschen intensiver. Mir wurde allmählich vollkommen klar, wie sich mein damaliger Partner und ich energetisch beeinflusst hatten, und ich begann, mich erstmals mit energetischen Grenzen auseinanderzusetzen. Ich lernte, dass ich energetische Schnüre durchtrennen konnte, und stellte fest, dass ich mich sofort anders fühlte, wenn ich dies tat. Das waren quasi die ersten Schritte bei der Entdeckung meiner Hochsensibilität.

Interessant für mich in diesem Zusammenhang war auch, stets zu spüren, was es energetisch mit mir machte, wenn ich mit gewissen Menschen Sex hatte. Manchmal fühlte ich mich danach leicht und beschwingt, manchmal energetisch ausgelaugt und schwer. Ich begann zu begreifen, dass sich die Schwingungen zwischen Menschen angleichen, dass sich also zwei Menschen – wenn sie sich auf einer tieferen körperlichen oder emotionalen Ebene verbinden – irgendwo in der Mitte treffen. Ich begann zu begreifen, dass wir uns energetisch entweder miteinander hochziehen oder gegenseitig runterziehen, und versuchte von da an, nur noch mit Menschen zu schlafen, bei denen ich mich »energetisch« gut fühlte. Hier kam ich im Übrigen zum ersten Mal in direkten Kontakt mit dem offensichtlichen Thema instabiler Grenzen, das sich bei mir dadurch zeigte, dass ich teilweise mit Menschen schlief, obwohl ich es eigentlich nicht wollte. Es passierte einfach, und während es passierte, hatte ich das Gefühl, aus der Nummer nicht rauszukommen. Ich war emotional gelähmt und wunderte mich im Nachhinein darüber, was eigentlich mit mir los war: »Wieso habe ich mich jetzt so verpflichtet gefühlt, das zu tun, obwohl ich es eigentlich nicht wollte?«

Dann passierte eine Reihe von Ereignissen, die meinen selbstheilerischen Prozess in eine für mich zunächst völlig überwältigende Richtung navigierten, da sie ein altes, im System gut gedeckeltes Trauma reaktivierten und die damit verbundenen Ängste, Panikgefühle und vor allem auch Zustände der totalen Entgrenzung mein System mit emotionalem Stress überfluteten. Zu diesem Zeitpunkt war ich mit meinem spirituellen Prozess bereits auf einer Stufe angelangt, auf der ich mich zufrieden und erfüllt fühlte. Klar hatte ich noch meine Baustellen. Aber ich fühlte mich sicher und solide, freute mich über den Erfolg meiner Arbeit mit mir selbst und anderen Menschen und plante in Kürze einen längeren Kanadaaufenthalt, bei dem ich mir versprach, ausschließlich den schönen Dingen der Welt zu frönen.

Eines Tages entdeckte ich zufällig unter einem meiner Blogbeiträge einen Kommentar einer Seminarteilnehmerin. Sie verwendete zwar ein Pseudonym, doch ich wusste instinktiv, um wen es sich handelte, vor allem weil ich mich an die Situation während des Workshops erinnerte, von der sie sprach. Der Inhalt des Kommentars war sehr kritisch, aber sachlich formuliert, doch die Energie dahinter war hochgradig retraumatisierend für mich. Es fühlte sich an wie ein »energetischer Angriff« und ich war völlig unfähig, mich zu wehren oder eine Stellung zu beziehen, mit der ich mich gut fühlte. Da war eine Frau, die mich und meine Arbeit kritisierte, und da war ich, der diese Kritik völlig ungefiltert absorbierte und überhaupt nicht damit umgehen konnte.

Impulsartig löschte ich den Kommentar und versuchte mir einzureden, dass es nicht so schlimm sei. Doch innerlich liefen Anteile in mir Amok. Tatsächlich hinterließ besagte Frau wenige Tage später noch einmal einen zynischen Facebook-Kommentar, was meine Paranoia bestätigte. Während in mir ständig Emotionen von Angst, Panik, Wut und Hilflosigkeit brodelten, fragte ich mich: *Wieso hat diese Frau eine solche Macht über mich? Wieso existieren da überhaupt keine Grenzen zwischen dem, was diese Frau meint, und zwischen dem, was ich davon annehme?*

Die Wochen vergingen und ich beruhigte mich wieder. Trotzdem hatte sich etwas verändert. Ich bemerkte, dass mein System weniger stressresistent war. Ich bemerkte, dass ich in Workshops mit allen Mitteln versuchte, keine Sachen zu erwähnen, die von Teilnehmer*innen im Anschluss gegen mich verwendet werden könnten. Ich bemerkte, dass ich fünfmal checkte, ob die Herdplatte auch wirklich aus war, bevor ich die Wohnung verließ. Und ich begann, selbst in harmlosen Situationen Katastrophenszenarien in meinem Kopf zu konstruieren, die ständig irgendeine Form von Angst und Panik in mir auslösten. Ich war – ohne die Dynamiken dahinter im notwendigen Detail zu verstehen – emotional instabiler. Und flog wie geplant für drei Monate nach Kanada. Drei Monate, in denen ich mich erholen und das Leben genießen wollte.

Nun ... Pustekuchen. Als ich am zweiten Tag in meinem Airbnb-Apartment aufwachte, fühlte ich mich müde, lustlos und deprimiert. Trotzdem wollte ich das Beste daraus machen und mir die Stadt anschauen. Als ich also durch die Stadt wanderte, passierte etwas Seltsames: Plötzlich hatte ich das Gefühl, mit dem Leid aller Menschen um mich herum, ja mit dem ganzen Leid der Welt zu verschmelzen. Ich fühlte mich auf einmal vollkommen apathisch, abgetrennt und sinnlos. Meinen Körper empfand ich als leere Hülle, nur noch definiert durch das, was energetisch von all den Menschen um mich herum auf mich einwirkte. Meine Gedanken schwankten zwischen

Panik, Depression, Sinnlosigkeit und einem tiefen Weltschmerz. Ich fühlte mich unverbundener mit mir denn je zuvor und konnte all das überhaupt nicht einordnen. Heute weiß ich: Diese Situation war nichts weiter als ein Flashback in die Traumarealität unintegrierter Anteile meines Systems, die mich angesichts des fehlenden Haltes meines gewohnten Umfeldes mit uralten ungefühlten Emotionen überfluteten, von denen ich gar nicht wusste, dass sie in mir existierten. Aus dem Zustand der Entgrenzung dieser Anteile, die sich hier in der ganzen Intensität zeigten, absorbierte ich auch den ganzen Schmerz der Menschen um mich herum.

Damals begann ich mich als Reaktion auf dieses Geschehnis in meinem Airbnb-Apartment zu verschanzen. Ich fühlte mich kraftlos und hatte kaum Lust, mir die Stadt anzuschauen oder irgendwelche Menschen kennenzulernen. Das war er also: mein Genussurlaub. Ich spielte mit dem Gedanken, wieder nach Hause zu fliegen, und verspürte zum ersten Mal in meinem Leben den Impuls zu »tindern«. Aus einer Energie von Mangel, Hilflosigkeit, Frustration und Depression heraus. Welches Resultat konnte ich also erwarten? Richtig: Ich begann eine dreimonatige Romanze, die ich mir selbst als glückliche Beziehung verkaufte: Zwar verschmolz ich mit diesem Menschen immer mehr, was mir eine Art Scheinsicherheit gab. Gleichzeitig wurde ich aber emotional immer instabiler und vor allem bemerkte ich, dass meine Ängste immer größer wurden. Dabei waren diese Ängste unglaublich kreativ darin, sich immer noch mehr neue Projektionsflächen zu suchen, über die ich mir einreden konnte, dass ich in Gefahr sei.

Als ich von Montreal nach New York flog, um dort eine Freundin zu treffen, und vor Angst zitterte, dass mich die Securitybeamten nicht in die USA einreisen lassen würden, wurde mir klar, dass bald etwas geschehen müsse. Ich war nun seit Monaten fast immer in irgendeiner Form von Angst und Ohnmacht gefangen und mutierte zum absoluten Kontrollfreak. Ich suchte mir Hilfe und fand sie bei einer schamanischen Coachin und körperlichen Traumatherapeutin. Das nächste Level meiner Bewusstseinsreise stand unweigerlich an und es bedurfte einer tieferen Arbeit, als ich sie bisher kannte. Das überraschte mich, da ich mich ja bereits seit einigen Jahren mit energetischer Heilarbeit beschäftigte und ich eigentlich dachte, dass ich es »raushätte«. Doch das Level, das ich nun entdeckte, war eines, das die Gesetzmäßigkeiten von Trauma vollkommen miteinbezog, anstatt sie auszuklammern, wie es in vielen spirituellen Ansätzen der Fall ist.

Das für mich jedoch Bedeutsamste in den Sessions war, dass mich die Therapeutin Weichheit, Mitgefühl und Demut lehrte, und zwar sowohl in Bezug auf meinen Körper und seine panischen Reaktionen als auch in Bezug auf meine Emotionen, die ich von nun an in meinem Rhythmus und Tempo fühlen sollte. Nicht zuletzt lehrte sie mich Weichheit und Demut mir selbst gegenüber, der sich so große Mühe gab, immer noch besser und spiritueller zu werden und hier augenscheinlich an einen Punkt gekommen war, der das alte Paradigma sprengte und den Raum eröffnete für etwas vollkommen Neues: Ich lernte, mich selbst wieder in Besitz zu nehmen und meinem Körper die Zeit zu geben, die er brauchte, um sich emotional zu öffnen und alte Lasten und Verletzungen loszulassen. Ich lernte, Heilung nicht mehr länger über meine Willenskraft zu forcieren, sondern sie in vollkommener Übereinstimmung mit meiner Körperintelligenz einfach geschehen zu lassen. Ich spürte, was es bedeutet, Spirit in den Körper zu bringen. Und ich beschritt einen Weg, der mich auf einer viel tieferen Ebene noch einmal vollständig ausheilen ließ, ohne hier einer mentalen Agenda oder irgendwelchen Zielen zu folgen.

Je mehr ich mich im Körper spüren konnte, desto mehr fühlte ich, wie viele Lasten ich eigentlich für andere trug und diese oft mit meiner eigenen Identität verwechselte. Gleichzeitig wurde mir bewusst, welch große Gabe es war, andere Menschen über meinen Körper so

präzise spüren zu können, aber auch welch große Herausforderung es war, dieser Gabe nicht meine Grenzen zu opfern und sie dementsprechend heilsam für mich zu »managen«. Ich kam in einen immer tieferen, unmittelbaren Kontakt mit den fragilen Anteilen meines Körperenergiesystems. Ich entdeckte offene Wunden, die oft nicht genug durch sichere Grenzen abgeschirmt waren, um heilen zu können, und stattdessen dazu neigten, noch mehr Schmerz von anderen zu absorbieren. Ich begriff und fühlte, was es bedeutete, ein hochempathisches Körperenergiesystem zu besitzen, das Strategien entwickeln musste, um in diesem Leben irgendwie klarzukommen. Und ich erkannte, dass die Retraumatisierungen, die mir seit ein paar Monaten widerfahren waren, einfach nur der schmerzhafte Beginn eines Rückverbindungsprozesses waren. Dieser Prozess folgt – sosehr wir uns auch auf der Verstandesebene dagegen wehren mögen – immer einer höheren Intelligenz und augenscheinlich war ich nun bereit, wirklich »den Keller aufzuräumen«.
Während sich meine Sensitivität hierbei sogar noch mehr steigerte, ich zwar solider in meinem Körper, aber eben auch emotional durchlässiger und transparent wurde, musste sich auch meine Hochempathie auf ein neues Level für mich heben.

DIE URSACHEN FÜR EIN ZERSPLITTERTES SELBST

Seit ich denken kann, fasziniert mich die Welt der Energie. Im Laufe meiner Arbeit begann ich mich mit Energiemedizin auseinanderzusetzen und war erstaunt darüber, wie ich durch das Fokussieren gewisser Körperstellen Stress lösen, mein Nervensystem regulieren und mich erden und beruhigen konnte. Weil ich die Veränderungen körperlich, emotional, mental und spirituell deutlich spüren konnte, suchte ich nie nach wissenschaftlichen Antworten. Ich fühlte es, also war es für mich wahr. Immer mehr erkannte ich für mich, dass mein Leben nichts weiter war als eine physische Manifestation meiner eigenen Frequenz.

Was wir im Alltag als Flow bezeichnen, ist nichts weiter als ein Fließen unserer Energie im Einklang mit dem Universum. Vielleicht hast du auch schon erlebt, wie schnell Flow und Antiflow im Alltag ineinander übergehen können. Hierzu eine kleine Anekdote: Vor Kurzem war ich mit dem Rad unterwegs zu einem wichtigen Termin in der Stadt und verließ meine Wohnung bereits ein paar Minuten zu spät. Ich schwang mich entsprechend gestresst auf den Fahrradsattel, war die ganze Fahrt über verkrampft, alle Ampeln waren rot und meine Geldbörse flog ebenfalls noch aus dem Fahrradkorb heraus, sodass ich alle Münzen vom Bürgersteig aufsammeln konnte. Ich kam nass geschwitzt, gestresst und völlig im Antiflow zu meinem Termin und musste mir weitere drei Minuten nehmen, um mich selbst energetisch zu beruhigen, die aufgestaute emotionale Ladung liebevoll durch präsentes Fühlen zu entladen und mich wieder zu sammeln. Der Termin verlief gut und sichtlich entspannt machte ich mich auf den Heimweg. Ich genoss eine völlig reibungsfreie Heimfahrt und traf dabei noch ein paar alte Bekannte, die ich lange nicht gesehen hatte.

Ich finde es erstaunlich, wie unser Außen und die uns dabei zur Verfügung stehenden Möglichkeiten nichts weiter als ein Spiegel unseres inneren Flows sind – oder eben des Antiflows, in dem alles auf einmal schiefzugehen scheint.

Wenn wir im Alltag »im Flow« sind, bedeutet das auf energetischer Ebene, dass die Energie fließen kann. Wir surfen auf der Welle des Lebens und fühlen uns getragen von der Lebensenergie, die ungehindert durch uns strömen kann. Wir sind verbunden mit uns selbst, unserer Umwelt, dem Leben und der Erde, von der wir uns sicher und getragen fühlen. Wenn wir uns hingegen depressiv, ängstlich, schwer und innerlich leer fühlen und uns im Krisenmodus befinden, ist dies ein Anzeichen dafür, dass wir mit Aspekten von uns identifiziert sind, deren Lebensenergie nicht fließen kann.

Unsere Emotionen sind ein großartiger Indikator dafür, ob wir gerade im Flow oder im Antiflow resonieren. Je mehr wir vom »Denken« ins »Fühlen« kommen, desto mehr erlangen wir die Meisterschaft darüber zurück, die Energie unserer Emotionen ins Fließen zu bringen und immer mehr von unserer reinen Essenz zu verkörpern. In der Selbstheilungsphilosophie, wie ich sie für mich vertrete, ist unsere reine Essenz, unser Spirit-Selbst oder unser höheres Selbst der Träger unserer einzigartigen Seelenenergie, wie sie sich durch uns verkörpern will. Der Prozess des spirituellen Erwachens bedeutet in diesem Zusammenhang, dass wir die mentalen, emotionalen, spirituellen und körperlichen energetischen Verhärtungen unserer Verletzungen und Konditionierungen immer mehr klären und heilen, sodass es uns möglich ist, energetisch immer mehr mit der reinen Essenz unseres Selbst verbunden zu sein.[3]

Es ist vergleichbar mit einem Gefühl von Zuhause, einer Art Erfüllung, die unabhängig von äußeren Faktoren und Konditionierungen einfach in uns ist. Für die Rückverbindung mit dieser reinen Essenz bedarf es einer ganzheitlichen Rückverbindung mit uns selbst: unserem Körper, unseren Emotionen, all der fragmentierten Lebensenergie, die in alten Verletzungen gebunden ist.

Dieser Prozess mag in uns ganz natürlich angelegt sein, doch unsere Erziehung und unsere Konditionierung wirken ihm leider oft auf unnatürliche Weise entgegen. Wir leben in einer höchst verstandesorientierten Gesellschaft, in der wir lernen, unsere Energie fast vollständig in den mentalen Raum zu verlagern, und in der unser Körper zum lästigen Anhängsel wird, den wir mit Medikamenten zu betäuben versuchen, wenn er nicht so funktioniert, wie wir uns das wünschen. Trennen wir uns allerdings von unserem Körper, trennen wir uns vom »Behälter« unserer Vollständigkeit, Lebensenergie und Lebensfreude. Das heißt: Wenn es in unserem Körper nicht fließt,

fließt es auch nicht in unserem Leben. Wir fühlen uns unvollständig, unvollkommen und ausgeliefert in einer Welt, in der wir ständig auf der Suche nach äußerer Erfüllung sind, die die innere Leere und den Zustand innerer Unverbundenheit kompensieren soll.

Um zu fühlen und zu erkennen, wer wir sind, was wir brauchen und wo wir hinwollen im Leben, müssen wir eine gut integrierte Ich-Stärke entwickeln, die weit über unsere Willenskraft hinausgeht und stark von der Verbundenheit mit unserem Körper, unseren Emotionen, unserer Lebensenergie und unserer reinsten Essenz abhängt. Je zentrierter wir in uns selbst sind, desto sicherer und ermächtigter fühlen wir uns in Beziehungen darin, unsere Grenzen und Bedürfnisse zu wahren und diese selbstbewusst zu kommunizieren, ohne andere vor den Kopf zu stoßen.

Doch was führt zu dieser Fragmentierung, aus der heraus wir uns nicht mehr verbunden mit uns selbst fühlen, und welche Auswirkung hat dies auf unsere Beziehungen?

EMOTIONALE ÜBERWÄLTIGUNG

Manche Erfahrungen sind so überwältigend für unser Körpersystem, dass unser Geist die nicht verarbeiteten emotionalen Teile dieser Erfahrung sozusagen aus unserer bewussten Wahrnehmung abspalten und tief in die unbewussten Ebenen unseres Energiesystems verdrängen muss. Dadurch sind diese Erfahrungen allerdings alles andere als gut verarbeitet. Sosehr dieser Abspaltungsmechanismus auch zu unserem Schutz dienen und für den Moment unser Überleben sichern soll, langfristig führt er dazu, dass unser Körper immer größere Schwierigkeiten bekommt, diese belastenden Erfahrungen erfolgreich zu recyceln. So geraten wir irgendwann – oft getriggert durch Krisen in unserem Leben – immer tiefer in den Sog jener Erfahrungen unserer Vergangenheit, die unser System nicht vollständig verarbeiten konnte.

Das Stichwort ist auch hier das »innere Kind«, das in uns nach Heilung und Integration schreit und uns in unseren Beziehungen ständig unbewusst durch ungeliebte Emotionen und Verhaltensmuster programmiert, die wir in der Regel verurteilen und versuchen auszuklammern, womit wir die emotionale Spaltung in unserem System jedoch noch mehr verstärken. Es gibt eine Vielzahl von Inneren-Kind-Fragmenten, die in unverarbeiteten Erfahrungen der Vergangenheit feststecken und dementsprechende Filter erschaffen, durch die wir unsere Realität wahrnehmen und das Gefühl haben, in Beziehungen um unser Überleben kämpfen zu müssen.

KONDITIONIERUNGEN

Eine weitere Ursache für ein zersplittertes Selbst sind Konditionierungen, Erwartungen und Bedürfnisse unserer Mitmenschen, über die wir als Kind lernen, uns zu definieren. Ein integriertes, solides Selbst, aus dem heraus wir uns verbunden mit uns und erfüllt in uns selbst fühlen, zeichnet sich dadurch aus, dass es uns leichtfällt, im Hier und Jetzt zu sein. Wir können diesen Zustand teilweise noch bei kleinen Kindern beobachten, die ihren Emotionen und inneren Impulsen ungefiltert Ausdruck verleihen, ohne an ihnen anzuhaften oder daraus irgendwelche Identitäten zu erschaffen. Es gibt hier noch kein Selbstbild, keine verdrehte Identität, von der wir uns Anerkennung oder Bestätigung erhoffen. Es gibt auch keine Schutzpersönlichkeit, die ebenjene belastenden Erfahrungen zu deckeln und zu kompensieren versucht.

Die energetische Konfrontation mit Konditionierungen, Bedürfnissen und Erwartungen unserer Mitmenschen beginnt dennoch bereits im Mutterleib. Schon als Embryo verfügen wir über ein implizites Gedächtnis als Körpergefühl. Wir können uns zwar nicht bewusst an die dort gemachten Erfahrungen erinnern, können über gespeicherte Sinneseindrücke jedoch darauf zurückgreifen.[4] Dieses Körpergefühl wird Teil der Programmierung dessen, wie sicher und stabil wir uns in diesem Leben fühlen und wie sicher es scheint, mit unseren eigenen Grenzen und Bedürfnissen verbunden zu bleiben, ohne uns den ständigen Erwartungen und Bedürfnissen unserer Mitmenschen zu beugen. Je intensiver wir uns energetisch bereits im Mutterleib oder im Kleinkindalter in den Bedürfnissen, Erwartungen und emotionalen Grundstimmungen unserer engsten Bezugspersonen verlieren, desto mehr entsteht eine Spaltung zwischen uns und unserem wahren Kern. Auch dies ist auf keine bewusste Entscheidung zurückzuführen, sondern einfach nur ein Überlebensmechanismus unseres Systems, der uns suggeriert, dass es sicherer ist, eher die Bedürfnisse unseres Umfeldes zu spüren als unsere eigenen. Falls diese Erfahrungen nicht geheilt und integriert werden, werden wir folglich auch im Erwachsenenalter noch ständig von ihnen beeinflusst. Wir lassen uns durch die Erwartungen, Bedürfnisse und Konditionierungen, die seitens unserer Umwelt auf uns einwirken, ständig aus uns selbst herausziehen. Unsere Seelenenergie ist in alle Richtungen zerstreut, weil wir mit unseren Wahrnehmungsantennen ständig dabei sind, die Bedürfnisse unserer Mitmenschen zu scannen.

SELBSTABLEHNUNG

Wenn verletzte innere Anteile in uns getriggert werden und uns dies durch Wut, Angst, Ohnmacht, Verzweiflung, Schuld oder Hilflosigkeit signalisiert wird, bedienen wir in der Regel jegliche Vermeidungsstrategien, die uns zur Verfügung stehen, um die negativen

Gefühle nicht fühlen zu müssen, wenn wir es nicht anders gelernt haben. Und selbst falls wir bereits geübt darin sind, Emotionen in unserem Körper zu fühlen, in sie einzutauchen und ihnen körperliche Präsenz zu schenken, müssen wir uns immer wieder daran erinnern, in unseren Körper zurückzukommen, anstatt uns von den emotionalen Fluten in negative Gedanken wegdriften zu lassen und jegliche Form von Ablenkung zu nutzen, um uns von der negativen emotionalen Erfahrung abzutrennen.

Je stärker diese Vermeidungsstrategien in uns wirken, desto mehr Selbstverurteilung, Schuld, Scham und Ablehnung wird auf jene Aspekte und ihre Emotionen geladen, die wir nicht fühlen wollen und am liebsten ausmerzen würden. Anstatt diesen Emotionen liebevoll Raum zu geben, ziehen wir uns in den mentalen Raum zurück und versuchen mit allen Mitteln, rationale Lösungen für ein Problem zu finden, das nicht rational gelöst werden kann, weil es auf emotionaler Ebene in uns entstanden ist. Wir versuchen, uns mit Essen, Alkohol, Sex, Drogen oder anderen Strategien zu beruhigen, von denen wir uns Erleichterung erhoffen, und sind im Widerstand gegen das, was emotional in uns nach Aufmerksamkeit ruft und verarbeitet werden möchte.

Je mehr Widerstand wir gegen unsere Emotionen richten, desto mehr emotionalen Nährboden für Schuld, Scham und Selbstverurteilung bereiten wir, weil wir uns nur so verbunden mit uns selbst fühlen können, wie sehr wir auch unsere dunkelsten Anteile und Emotionen in unsere Selbstliebe integrieren können. Und je mehr Schuld, Scham und Selbstverurteilung in uns aktiv sind, desto mehr neigen wir dazu, das zu unterdrücken, was wirklich gefühlt werden möchte. Es ist ein emotionaler Teufelskreislauf, über den wir eine immer tiefere energetische Spaltung zu uns selbst generieren und noch mehr von unseren natürlichen Grenzen preisgeben, weil wir das in uns leugnen, was eigentlich als Teil von uns angenommen und integriert werden möchte, um zu heilen.

DIE ENTSTEHUNG VON TRAUMA

Viele Menschen verspüren große innere Widerstände dagegen, sich als traumatisiert zu bezeichnen. Andere wiederum klammern sich ihr Leben lang an diesem Begriff fest und entwickeln daraus eine verletzte Identität, die sie davon abhält, eine befreite Zukunft zu erschaffen.

Wie ich bereits angedeutet habe, werden wir gesellschaftlich nicht gerade dazu konditioniert, zu erforschen, zu reflektieren und vor allem zu fühlen, was Trauma mit unserem Körperenergiesystem macht. Ich möchte dir auch hier kurz meine eigene Geschichte erzählen: Meine Kindheit war objektiv gesehen nicht traumatisch. Ich hatte keine offensichtlichen Missbrauchs- oder Mangelerfahrungen, lebensbedrohliche Krankheiten oder Schicksalsschläge erlebt, die mich aus der Bahn hätten werfen können.

Heute weiß ich, dass der Begriff »offensichtlich« weniger eine Rolle spielt als das, was auf subtiler energetischer Ebene in uns stattfindet. Aus dieser Perspektive heraus betrachtet wies ich tatsächlich so einige Merkmale eines traumatisierten Körpersystems auf. Woran ich mich am meisten erinnere, ist, dass ich mich nie wirklich da, nie wirklich anwesend fühlte. Ich war immer in meiner inneren Welt gefangen – gefühlt zehn Meter schwebend über dem Boden. Im Kindergarten und in der Grundschulzeit fühlte ich mich enorm unsicher, hatte große Angst vor Veränderungen und vor anderen Kindern und fühlte mich ständig falsch und voller Scham, obwohl es keinen offensichtlichen Grund dafür gab.

Rückblickend versuchte ich mich stark den Erwartungen und Bedürfnissen anderer Kinder anzupassen und hatte doch immer das Gefühl, nicht gemocht oder ausgestoßen zu werden. Ich litt unter dem Gefühl von »Anderssein«, das ich irgendwie nicht definieren konnte. Ich hatte schon mit sieben oder acht Jahren das Gefühl, einsam zu sein, obwohl meine Eltern großen Wert darauf legten, dass ich andere Kinder besuchte und Sachen unternahm. Ich war ständig in irgendeiner Form von Angst: Angst vor Lehrer*innen. Angst vor Mitschüler*innen. Angst davor, etwas falsch zu machen, verurteilt zu werden, was mich besonders peinigte, weil Kritik von außen – unabhängig davon, ob sie berechtigt war oder nicht – mich derart emotional erschütterte, dass ich mich nur sehr langsam davon erholen konnte.

All dies sind Symptome eines entgrenzten Systems, das sich nicht sicher in sich selbst fühlt. Ich habe mich übermäßig darüber definiert, wie Menschen sich mir gegenüber verhielten. Ich war offensichtlich ein »Sensibelchen« (was jedem auffiel) und auf subtil-energetischer Ebene traumatisiert und entgrenzt (was aufgrund mangelnder Bewusstheit über dieses Thema niemandem auffiel).

Ich will dieses Kapitel dazu nutzen, um meine Erkenntnisse zum Thema Trauma darzulegen. Eine Sache vorweg: Meine Art und Weise, die Welt wahrzunehmen, ist eine fühlende. Meine Erkenntnisse darüber, wie Trauma in unserem Körper funktioniert und welche biochemischen Auswirkungen es auf unser System hat, beschränken sich auf die notwendigen Grundlagen und ich überlasse die komplexere Erläuterung dieser Thematik jenen Menschen, die hierfür auf wissenschaftlicher Basis eine Berufung verspüren. Meine stärkste Wissenschaft beruht auf meiner subjektiven Erfahrung von Trauma und auf dem, was ich an meiner Arbeit mit mir selbst immer wieder voller Faszination erforscht habe. Wer auf wissenschaftlicher Ebene tiefer in das Thema Trauma eintauchen möchte, dem empfehle ich die Auseinandersetzung mit Peter Levines Somatic-Experiencing-Ansatz[5] oder den auf Entwicklungstrauma ausgerichteten NARM-Ansatz von Larry Heller[6].

DAS ZUSAMMENSPIEL VON TRAUMA UND HOCHEMPATHIE

Noch einmal: Die energetischen Fragmentierungen, die wir durch Trauma, schädliche Konditionierungen und ein Leben gegen unser wahres Selbst erleiden, führen zwangsläufig dazu, dass unsere Energie nicht mehr im Kern unseres Selbst zentriert, sondern in alle Richtungen zerstreut ist. Wo wir mit unserer Energie nicht bei uns sind, können wir nicht anders, als energetisch ständig im Außen »anzudocken« und eine Hypersensitivität in Bezug darauf zu entwickeln, was energetisch um uns herum vorgeht. Eine solche Überreaktion ist ein wesentliches Merkmal von Hochempathie, was den konsequenten Schluss nahelegt, dass Hochsensitivität eine Folge von Trauma ist.
Auf körperlich-energetischer Ebene bin ich damit absolut d'accord, auf spiritueller Ebene ist meine Wahrheit eine andere: So glaube ich, dass die Gabe der Sensitivität bereits eine Fähigkeit ist, die wir auf »Seelenebene« mitbringen, die uns durch unbewältigtes Trauma allerdings vollkommen entgrenzt. In meinem individuellen Rückverbindungsprozess stellte ich fest: Während ungeheiltes Trauma unser System immer weiter destabilisiert und dadurch zu einer zwangsläufigen Hochempathie führt, über die wir uns ständig von außen bedroht und unserer Umwelt ausgeliefert fühlen, führen integriertes, geheiltes Trauma und eine Rückverbindung mit unserem Körper dazu, dass wir unsere Sensitivität nun konstruktiv nutzen können.
Ich selbst bemerkte mit zunehmender Integration, dass sich meine Hochempathie sogar noch verstärkte und ich meine Mitmenschen noch intensiver über meinen eigenen Körper fühlen und wahrnehmen konnte. Der große Unterschied allerdings lag darin, dass ich ihre Lasten nicht mehr unbewusst absorbierte und – noch wichtiger – das schuldfrei zurückgeben konnte, was nicht meins war. Ich würde den Unterschied zwischen der integrierten Hochempathie und der zersplitterten Hochempathie folgendermaßen beschreiben:

Hochempathie aus dem zersplitterten Selbst als Folge von ungeheiltem Trauma heißt, die ganze Zeit unbewusst bei unseren Mitmenschen »anzudocken«, ihre Lasten zu übernehmen und ihre Bedürfnisse besser zu spüren als unsere eigenen. Wir fühlen uns hier Emotionen und Bedürfnissen unserer Mitmenschen ausgeliefert und neigen dazu, uns darin zu verlieren.

Hochempathie aus dem integrierten Selbst als Folge von geheiltem Trauma heißt, die Gefühle und Bedürfnisse anderer Menschen zwar zu spüren, aber dabei ganz bei uns bleiben zu können. Wir haben die Wahl, wie sehr wir auf die Gefühle und Bedürfnisse unserer Mitmenschen eingehen wollen, und können diesen Prozess bewusst »managen«, ohne uns darin zu verlieren.

Ich war schon immer hochempathisch und hochsensitiv. Trauma öffnete lediglich mein System auf schmerzhafte Weise und führte zu einem Traumaleck, über das ich andere Menschen spüren musste. Integration stabilisierte und heilte mein System, ohne mich für die Gefühle anderer Menschen zu verschließen. Im Gegenteil: Je mehr ich mich selbst spüren kann, desto mehr kann ich – wenn ich die Entscheidung treffe, mich zu öffnen (ich habe hier die freie Wahl!) – andere Menschen spüren. Dies geschieht nicht auf Basis des ungeheilten Traumalecks, sondern auf Basis einer gesunden Selbstverbundenheit und Körperpräsenz, die es mir ermöglicht, mich auf gesunde Weise abzugrenzen, wenn es notwendig ist.
Falls es uns nicht möglich ist, unsere Hochempathie auf gesunde Weise auszubalancieren, tun wir uns im Übrigen schwer, Kapazitäten für tiefere Formen der Verbundenheit und Intimität zu entwickeln. Ein System, das sich ständig den Emotionen und Bedürfnissen des Umfeldes ausgeliefert fühlt, muss zwangsläufig Nähevermeidungsstrategien entwickeln (s. Kapitel 1).

TRAUMA IST EINE REAKTION DES SYSTEMS

Wenn du das Wort Trauma hörst, denkst du vielleicht an sexuellen Missbrauch, an Kriegserlebnisse oder an andere schreckliche Ereignisse, die Menschen passiert sind und sie aufgrund der offensichtlichen Dramatik, die diesem Ereignis zugrunde lag, traumatisiert haben. Tatsächlich sind wir wie in allen Bereichen unseres Lebens auch in Bezug auf den Begriff »Trauma« konditioniert und vor allem viel zu wenig sensibilisiert. Menschen haben aufgrund dessen teilweise große Widerstände, sich selbst mit dem Thema Trauma in Verbindung zu bringen.

Doch Trauma ist in unterschiedlichen Graden überall zu finden: Noch heute erinnere ich mich daran, wie meine Grundschullehrerin »Du dummer Hirsch« zu mir sagte, als ich einmal Schwierigkeiten hatte, meine Jacke anzuziehen. Ich war damals sechs Jahre alt, doch noch heute sehe ich das Klassenzimmer vor mir und noch heute ist mein Körper in der Lage, die Scham »nachzuspüren«, die dieser Aussage folgte. Ist meine ehemalige Grundschullehrerin ein schlechter Mensch? Absolut nicht. Sie mochte mich sehr und ich mochte sie. Und das ist wahrscheinlich der Grund für diese für mich traumatische Erfahrung: Da war eine Person, zu der ich aufblickte, von der ich mir Anerkennung und Lob versprach und die mich einfach so aus dem Nichts als »dummer Hirsch« bezeichnete, so salopp das auch gemeint war.

Cyndi Dale, eine bekannte US-amerikanische Autorin und Energieheilerin, liefert in ihrem Buch *Energieheilung für Stress, Trauma und chronische Beschwerden* eine Definition von Trauma, die das perfekt auf den Punkt bringt, was ich immer fühlte. Ihr zufolge bedeutet Trauma eine Konfrontation mit einer energetischen Fremdeinwirkung, die unserer ursprünglichen Energie – die Energiecodierung unserer reinsten Essenz – entgegensteht und deshalb nicht auf angemessene Weise prozessierbar ist.[7]

Unsere originale Energiecodierung determiniert genau, was uns energetisch dienlich ist und was uns energetisch schädigt – welches Essen, welche klimatischen Bedingungen, welche Kulturen, welche Wertesysteme, welche Form von Beziehungen, welche Menschen. Je mehr wir im Einklang mit unserem höheren Selbst leben – was automatisch geschieht, je integrierter wir werden und je mehr zersplitterte und in alten Verletzungen gebundene Energie zu unserem wahren Kern zurückkehren kann –, desto mehr leben wir auch im Einklang mit unserer originalen Frequenz. Wir erschaffen daraus ein Leben, das optimal an die Frequenz unseres ursprünglichen Selbst angepasst ist: Wir umgeben uns mit Menschen, die uns guttun. Wir fühlen uns ganz natürlich zu Lebensmitteln hingezogen, die uns nähren. Und wir führen Beziehungen, die unseren natürlichen Bedürfnissen und Grenzen entspringen, anstatt uns von uns selbst abzutrennen.

Mein Trauma bestand in einem instabilen Beziehungssetting bereits im Mutterleib, weil meine Mutter zu dieser Phase unsicher im Bezug darauf war, ob sie ein weiteres Kind wollte. Ein weiteres Trauma war die eher konservative Umgebung, in der ich großgeworden bin, die mit einem »Sensibelchen« wie mir wenig anfangen konnte. Hinzu kamen Bezugspersonen, über die ich eine Definition von Bindung gelernt habe, die entweder auf Aufopferung oder auf Bindungsvermeidung beruhte. All diese energetischen Kräfte haben mich – zumindest zum Teil – in meinem wahren Sein destabilisiert und dementsprechend traumatische Effekte in mir ausgelöst, die sich über unsichere Bindungsmuster und das Fehlen einer stabilen Verbundenheit mit mir selbst ausdrückten.

Welche Energien für dich traumatische Auswirkungen hatten, kannst du – vor allem im Beziehungskontext – dadurch herausfinden, auf welche Situationen du komplett »allergisch«, überwältigt oder mit Panik und Angst reagierst. Nehmen wir einmal an, du hattest eine sehr bedürftige Mutter und fühltest dich bereits als Kind sehr stark davon überfordert. Die Wahrscheinlichkeit ist groß, dass dein System in Kontakt mit Energie von Bedürftigkeit vollkommen überfordert reagieren wird, du mit Fluchtimpulsen oder anderen heftigen emotionalen Reaktionen reagieren wirst. Unsere eigene Individualität hier anzuerkennen und nach ihr zu leben, schenkt uns eine höhere Perspektive auf unsere Vergangenheit und ein genaues Urteilsvermögen darin, wo wir hier energetisch auf für uns schädliche Weise konditioniert wurden und emotional-energetische Fragmentierungen erlitten haben.

SO ERKENNST DU DEIN TRAUMA

Wieso erstarren wir in Scham, wenn es darum geht, Bedürfnisse oder Grenzen zu kommunizieren, die bei unserem Gegenüber anecken könnten? Wieso werden wir aggressiv und abweisend und rüsten uns innerlich für einen Kampf, wenn wir das Gefühl haben, Menschen könnten unsere Grenzen überschreiten? Warum haben wir das Gefühl, dringend wegzumüssen, und verspüren starke Fluchtimpulse, wenn Menschen etwas von uns brauchen, das wir ihnen eigentlich nicht geben möchten? Weshalb möchten wir uns am liebsten verstecken und im Erdboden versinken, wenn wir Menschen auf der Straße treffen, mit denen ein unausgesprochener Konflikt herrscht? Lass uns alle diese Situationen rational betrachten. Du bist jetzt erwachsen und kannst für dich einstehen. Niemand hat das Recht, dich zu beschämen. Du musst keine Dinge machen, die andere von dir erwarten, wenn du das nicht möchtest. Wenn Menschen dir zu nahe kommen, hast du jederzeit das Recht, Nein zu sagen. Du wirst es niemals allen recht machen können und es wird immer Menschen geben, die – meistens aufgrund ihrer eigenen ungeklärten Themen – etwas gegen dich haben.

Obwohl das alles verständlich klingt, sehen dein Körperenergiesystem und die darin aktivierten unintegrierten inneren Anteile es anders. Beide versuchen, dich mit allen Mitteln aus der Gefahrenzone in Sicherheit zu bringen, und vermeiden, dass altes Trauma in dir aufbrechen und sich wiederholen könnte. So heißt es in »Gefahrenmomenten«: *Setz nicht diese Grenze! Du könntest angegriffen werden. Äußere nicht jenes Bedürfnis! Menschen könnten denken, du bist zu viel. Flüchte lieber aus der Beziehung, bevor es zu eng wird! Du könntest verletzt oder deine Grenzen könnten überschritten werden. Geh ja keine Konflikte ein! Dein Gegenüber könnte dich ablehnen oder wegstoßen. Damit du nicht fühlen musst, was gerade in dir emotional getriggert wird, schalten wir dich emotional und körperlich taub und trennen dich einfach von der emotionalen Erfahrung ab, die gerade in dir aktiv ist.*

Das bedeutet Trauma auf emotionaler Ebene

Je heftiger eine emotionale Reaktion in uns ausfällt, desto mehr können wir davon ausgehen, dass der Trigger, der gerade auf uns einwirkt, an in uns unintegrierten traumatisierten Anteilen »rüttelt«. Unser System wird nun mit entsprechenden Emotionen geflutet und Überlebensinstinkte von Kampf, Flucht, Erstarrung oder Dissoziation beziehungsweise emotionaler Taubheit werden in uns aktiviert. Je größer der Trigger, desto intensiver die energetische Bewegung vom Körper hoch in den Verstand, der uns nun durch dramatische Gedankenspiralen davon abhält, zu fühlen, was im Körper vor sich geht.[8]

Das bedeutet Trauma auf körperchemischer Ebene

Der Hypothalamus überschwemmt unser System mit Adrenalin, Cortisol und Dopamin, wenn alte traumatische Erinnerungen in uns aktiviert werden. In der Folge werden die entsprechenden Überlebensinstinkte in uns aktiviert.

Trauma bedeutet, dass Emotionen und Überlebensinstinkte gemeinsam miteinander »schießen« und wir einen Flashback uralter ungefühlter Emotionen erleben, die nun in die gegenwärtige Situation projiziert werden, von der sich gewisse innere ungeheilte Anteile unseres Systems bedroht fühlen.[9]

WARUM ES NICHT REICHT, NUR DIE VERGANGENHEIT ZU ANALYSIEREN

Da ein Trauma starke Auswirkungen auf unseren Körper und unser Energiesystem hat, sollte es auch auf diesen Ebenen geheilt werden. Falls die in vergangenen traumatischen Erfahrungen gebundene Energie also keine Entladung findet, kann unser Körper nicht nachhaltig heilen. Das betrifft sowohl emotionale Energie (Emotionen und Gefühle) als auch körperliche Energie (Stress und Überlebensinstinkte von Flucht, Kampf, Erstarrung, Taubheit etc.) und mentale Energie (ständiges Gedankenkreisen, um Lösungen zu finden).
Peter Levine, ein amerikanischer Psychologe und körperorientierter Traumatherapeut, hat hier großartige Pionierarbeit geleistet und durch seinen Somatic-Experiencing-Ansatz[10] ein Meisterwerk an verschiedenen Techniken und Methoden geschaffen, durch die der Körper in einer traumatischen Situation blockierte Energien auf sanfte Weise entladen und sich in seinem Tempo wieder in einen Zustand innerer Sicherheit und Geborgenheit einfinden kann. Mich lehrte die Auseinandersetzung mit diesem Ansatz Demut und Mitgefühl mit meiner Körperintelligenz und die Notwendigkeit davon, wirklich wieder zu meinem Körper zurückzukehren.
Die Abwesenheit vom eigenen Körper und die Überaktivität des analytischen Verstandes kann – auch bei sehr spirituellen Menschen – dazu führen, dass sie unbewusst eher Therapiemethoden wählen, die ihnen weiter jegliche Form von Körperpräsenz verwehren. Ich habe bei vielen Menschen gesehen, dass sie wirkliche Hei-

lung – auf körperlicher und emotionaler Ebene – mit dem ständigen Rumgraben in der Vergangenheit verwechseln. Versteh mich nicht falsch: Es ist oft ein erster Schritt der Rückverbindung, wenn wir verstehen, warum wir uns fühlen, wie wir uns fühlen, und welche Ursache dem zugrunde liegt. Doch es kommt nicht nur darauf an, zu analysieren, wo gewisse Dinge herkommen, denn im Traumakontext kommen wir damit irgendwann in eine Sackgasse und bleiben in der Sehnsucht unseres überanalytischen Verstandes stecken, der immer noch mehr verstehen möchte – nämlich um zu verhindern, dass wir im Körper wirklich fühlen, was wir fühlen.

Ich persönlich vertrete hier folgende Ansicht:

- Was wir als Erwachsene in unseren Beziehungen an Trauma erfahren (Verlust, Ablehnung, Betrug, Unterdrückung etc.), ist nur ein Spiegel der Traumata, die wir als Kinder in der Beziehung zu unseren Eltern, zu unseren Spielkamerad*innen, unseren Lehrer*innen, ja zur Welt erfahren.
- Unsere Kindheitstraumata wiederum sind nur ein Spiegel der Traumata, die wir im Mutterleib erfahren haben, wo wir bereits ein implizites Gedächtnis haben, das außerhalb unserer bewussten Wahrnehmung liegt, jedoch über abgespeicherte Sinneseindrücke zugänglich ist, auf die wir als Körpergefühl zugreifen können.[11]
- Unsere Mutterleibstraumata sind wiederum nur ein Spiegel der unverarbeiteten Emotionen und belastenden Erfahrungen unserer Ahnenlinie, die Teil unserer genetischen Veranlagung sind.

Traumazyklen, die nicht beendet und geheilt wurden, wiederholen sich meiner Erfahrung nach in unserem Leben, weil die darin gebundene Energie irgendein Ventil braucht. Dieses Ventil kann eine destruktive Beziehung sein, eine körperliche Krankheit, ein Geldproblem oder eine andere Herausforderung, die dich in deinem Leben blockiert.

Auf Basis dieser Betrachtungsweise ist die langfristige punktuelle Aufarbeitung von Traumata eine niemals endende Reise, an der wir uns die Zähne ausbeißen können. Wir brauchen nicht ständig in der Vergangenheit zu graben, um eine nachhaltige Heilung unserer seelischen Wunden zu initiieren. Der unmittelbarste Zugang dazu steht uns über unsere Emotionen zur Verfügung. Werden diese Emotionen und die damit verbundenen Überlebensinstinkte getriggert, sehen wir die Welt von einem Moment auf den anderen durch den Filter eines Kleinkindes, das sich in höchster emotionaler Not befindet. Die Integration des in uns aktiven Kleinkindes, das uns emotional in Richtung Angst, Panik, Schuld, Scham, Verzweiflung oder Hilflosigkeit navigiert, beginnt in dem Moment, wo wir die hier aktiven Emotionen erlauben, anstatt vor ihnen zu flüchten oder sie weiter zu verdrängen. Bei der Traumaarbeit gibt es keine Möglichkeit des *spiritual bypassing*. Es geht hier um emotionale Echtheit und es geht um einen Raum der Präsenz und des Mitgefühls, den diese Anteile auf emotionaler Ebene brauchen, damit auch unser Körper die Kapazitäten bekommt, diese Emotionen auf körperlicher Ebene zu fühlen und zu prozessieren. Wenn wir also unseren Schwerpunkt darauf verlagern, emotional und physisch mehr Raum für diese Anteile zu kreieren, indem die alten belastenden Emotionen schrittweise gefühlt und prozessiert werden können, kann sich unser Nervensystem in seinem Rhythmus und seinem Tempo regulieren und wir können dunkle Geschichten und Glaubenssätze loslassen, die wir um unsere Verletzungen herum kreiert haben. Fühlen statt denken, Mitgefühl statt performen, rein in den Körper statt Flucht aus dem Körper – all das sind für mich die wesentlichen Merkmale einer soliden Integrationsarbeit traumatisierter Anteile.

Selbstcheck: Ist ein altes Trauma in dir aktiviert?

Weil wir Dinge immer besser verstehen, wenn wir uns auch emotional mit etwas identifizieren können, möchte ich hier ein paar Beispiele ergänzen. Du kannst davon ausgehen, dass altes Trauma in dir aktiviert wurde, wenn

- du ständig auf dein Handy schaust, ob das Date von gestern dir auf deine Nachricht zurückgeschrieben hat.
- du ständig und überall Angst hast, kritisiert oder bewertet zu werden, und dein Verhalten so anpasst, dass dies auf jeden Fall vermieden wird.
- das Thema Geld stets große Existenzängste in dir auslöst, unabhängig davon, wie viel du auf deinem Konto hast.
- du in ungesunden Beziehungen bleibst, weil du die Ängste und Schuldgefühle, die hochkommen würden, falls du die Beziehung verlässt, nicht ertragen könntest.
- du beim Verlassen deiner Wohnung nicht nur einmal, sondern mehrfach checkst, ob du die Herdplatte auch wirklich ausgeschaltet hast.
- du jedes Mal, wenn du Grenzen setzt oder deine Bedürfnisse kommunizierst, zuvor in Schuldgefühlen und Ängsten versinkst, wie dein Gegenüber reagieren wird.
- du – falls es Menschen in deinem Umfeld schlecht geht – dies sofort auf dich beziehst und denkst, dafür die Verantwortung übernehmen zu müssen.
- du auf die Meinung und das Urteil anderer Menschen übermäßig viel Wert legst und denkst, es sei gefährlich für dich, nicht die Erwartungen anderer zu erfüllen.

- du dich schämst oder schlecht dabei fühlst, Dinge anzusprechen, die andere Menschen »triggern« könnten.
- du beim Austausch von sexueller oder emotionaler Intimität das Gefühl hast, deinem Gegenüber ausgeliefert zu sein, du Fluchtimpulse verspürst, dich erstarrt fühlst oder du in eine übersteigerte Offensive gehst, um dir schnell wieder mehr Raum und Freiheit zu verschaffen.
- du nicht nur die Emotionen deiner Mitmenschen fühlst, sondern auch daran festhältst und dich dafür verantwortlich fühlst.
- du von einer Beziehung sofort in die nächste springst, ohne dir Zeit für die Aufarbeitung zu nehmen, weil du es nicht aushältst, allein zu sein
- du beim Auftreten von Konflikten mit geliebten Menschen sofort starke Verlustangst bekommst

All diese Situationen rühren auf subtiler energetischer Ebene in traumatisierten Arealen unseres Systems und sind dementsprechend nicht rational für uns steuerbar, es sei denn, wir wären in der Lage, uns so stark von unseren Emotionen abzuspalten, dass wir hier überhaupt nichts mehr fühlen. Vielleicht wundern wir uns über die Heftigkeit der emotionalen Blockaden, die uns daran hindern, in unserem Leben und in unseren Beziehungen im Konkreten so zu handeln und zu kommunizieren, wie wir uns das wünschen würden. Gleichzeitig muss uns klar sein, dass die Heftigkeit dieser Blockaden einfach nur ein Signal dafür ist, dass Anteile in uns nach Heilung und Integration rufen und wir den Weg vom zersplitterten Selbst zum integrierten Selbst gehen dürfen.

DIE HEILUNG VON TRAUMA UND MÖGLICHE FALLSTRICKE

Eines vorweg: Ja, ich glaube daran, dass wir ein Stadium an Heilung und innerer Ganzheit erreichen könnten, das uns in Beziehungen tatsächlich in die komfortable Zone bringt, selbstermächtigt, selbstliebend und selbstverbunden lieben zu können. Ich glaube an den tiefen Frieden und die tiefe innere Ruhe, die sich in Beziehungen einstellt, wenn wir uns sicher und erfüllt in uns selbst fühlen. Ich glaube an ein gesundes Maß an Freiheit, Unabhängigkeit und Autonomie, das es uns bei allem Commitment einem anderen Menschen gegenüber ermöglicht, uns, unserer Selbstverwirklichung, unseren eigenen Wünschen und Bedürfnissen den nötigen Raum zu geben, um ein eigenes erfülltes und reiches Leben jenseits unserer Partner*innen führen zu können.

Woran ich nicht glaube – einfach aus dem Grund, weil es für mich nicht funktioniert hat –, sind spirituelle, meist sehr mentale Prinzipien, die uns in Beziehungen von unseren Emotionen abschneiden, uns verdrehte Selbstbilder suggerieren und unsere Menschlichkeit sowie unsere ganz natürliche Verletzlichkeit infrage stellen. Sie führen unweigerlich zu dem, was wir eigentlich heilen wollten, als wir uns auf diesen Weg begeben haben: Trennung, Unverbundenheit, Konditionierung, die unser wahres Wesen durch Schutzidentitäten vernebelt, die wir uns angeeignet haben, um weitere Verletzungen zu vermeiden.

Ein erfüllter Weg der Spiritualität ist für mich gleichzusetzen mit einem erfüllten Weg des Menschseins, wobei die Betonung auf dem Menschsein liegt, das seiner Natur gemäß immer mit einem Maß an Menschlichkeit und Verletzlichkeit einhergehen wird.

Je mehr ich begann, dies in meine Beziehungen zu integrieren und meine Menschlichkeit und meine Verletzlichkeit zu würdigen, desto runder wurde mein spiritueller Weg. Die Formel ist nachvollziehbar: Je körperlicher, desto menschlicher, desto selbstverbundener. Es versteht sich von selbst, dass ein Mensch wie ich, der von Grund auf in Beziehungen das Gefühl hatte, ja nicht zu viel sein zu dürfen, um nicht verlassen zu werden, natürlich zu der Traumvorstellung neigte, in Beziehungen irgendwann so unkompliziert und bedürfnislos zu sein, dass ich quasi emotional unverwundbar sein und stets unwiderstehlich für mein Gegenüber sein würde.

Doch je mehr ich eine sichere Bindung zu mir selbst aufbaute und selbst meine kindlichen, aus alten Verletzungen resultierenden Bedürfnisse mit Mitgefühl und Weichheit betrachtete, desto mehr stellte ich fest, dass sich mein Bindungsverhalten veränderte. Ich begann, Menschen zu meiden, die sehr hart mit sich selbst und dementsprechend auch mit mir waren, obwohl ich dieses Muster selbst jahrelang bedient hatte. Ich hörte auf, Freund*innen zu coachen und sie in eine Richtung zu trimmen, von der ich dachte, sie wäre gut für sie. Alles in allem wurde ich weicher, erlaubender, mitfühlender und vor allem viel, viel, viel weniger spirituell perfektionistisch, als ich es noch zu Beginn meiner Entwicklung war. Ich entdeckte den Zauber des Menschseins: den Zauber der Wut, von Bedürfnissen, von Verletzlichkeit, von negativen Emotionen.

Ich denke, dass diese Phase unumgänglich ist, wenn wir uns in Beziehungen sicher in uns selbst fühlen wollen. Wir durchbrechen dadurch die Illusion der »Unvollkommenheit«, während wir gleichzeitig ganzer, heiler, vollständiger werden. Wir nehmen der Energie von Schuld, Scham, Verlustangst und Panik, nicht den Erwartungen unseres Gegenübers entsprechen zu können, die zu Bindungsangst, Aufopferung und Selbstverlust führt, immer mehr den Wind aus den Segeln.

Es geht vielen Menschen wie mir auf meinem Weg. Sie stecken in ungesunden Beziehungen fest und können die Verstrickung nicht lösen, weil sie für sich selbst den Anspruch in der Beziehung erheben, auf

eine Weise stark, autonom und sich selbst zurücknehmend zu sein, die vollkommen unrealistisch ist. Sie verwechseln Autonomie und Unabhängigkeit mit Selbstsabotage, die Fähigkeit, selbstlos zu geben, mit Selbstaufopferung und bedingungslose Liebe mit dem verzweifelten Kampf um Liebe. »Entgrenzung« und unsichere Bindung wird quasi mit spiritueller Stärke, Ganzheit und Autonomie verwechselt, die die Abspaltung von der eigenen Verletzlichkeit und von den eigenen Bedürfnissen sogar noch mehr fördert, anstatt sie zu heilen.
Im Folgenden möchte ich ein paar »spirituelle Verdrehungen« entlarven, die ich mir selbst auf meinem spirituellen Weg bewusst oder unbewusst aufgebürdet hatte und die mich – wie ich später feststellte – noch mehr entgrenzten und aus einer sicheren Bindung mit mir selbst abspalteten, anstatt diese zu fördern. All diese Illusionen fallen unter die Kategorie *spiritual bypassing*, ein mittlerweile gern angewandter Begriff für alle auf spirituellen Dogmen basierenden Methoden und Mindsetstrategien, welche die eigenen psychologischen Bedürfnisse, Emotionen und Erfahrungen zu umgehen versuchen.

ICH DARF KEINE BEDÜRFNISSE HABEN

Irrtum. Eine sichere Bindung in uns selbst zeichnet sich in erster Linie dadurch aus, dass wir in Übereinstimmung mit unseren urmenschlichsten Grundbedürfnissen leben und diese in unseren Beziehungen würdigen. Für manche Menschen ist es so schmerzhaft, wenn ihre Bedürfnisse nicht erfüllt werden, dass sie sich vollständig von diesen Bedürfnissen abspalten und sie für sie nicht mehr fühlbar sind. Dadurch kann die Illusion entstehen, diese Bedürfnisse seien tatsächlich weg.
Auch hier können wir uns unsere individuellen Anteile wie Teile unseres Systems vorstellen, die abgespalten und im Unterbewusst-

sein versteckt werden, wenn die Erfahrung zu überwältigend für uns ist, dass gewisse Bedürfnisse nicht gesehen und erfüllt werden. Dies kann dazu führen, dass wir uns tatsächlich einreden, die Erfüllung dieser Bedürfnisse wäre nicht relevant für uns. Wir liefern uns dadurch einen Vorwand, in unseren Beziehungen nicht dafür einzustehen oder in Beziehungen zu bleiben, in denen diese Bedürfnisse offensichtlich nicht erfüllt werden können.

Ich betrachte die Rückverbindung mit unseren unschuldigsten, kindlichsten Bedürfnissen als einen wesentlichen Schritt davon, dass wir emotional reifen und wahrlich sichere Binder*innen werden können, die weder in Abhängigkeit und Bedürftigkeit ertrinken noch der »Ich brauche nichts«-Illusion einer zwanghaften Autonomie verfallen. Je intensiver wir mit unseren Bedürfnissen in Kontakt kommen, sie fühlen und sie vor allem in unsere Selbstliebe und Selbstannahme integrieren, desto mehr sind wir in der Lage, uns selbst Halt zu geben, anstatt dies ständig in unsere Beziehungen hineinzuprojizieren.

WERDE ICH VERLETZT, MUSS ICH VERGEBEN

Ja, aber … wie viel Wut, Enttäuschung und Schmerz müssen unterdrückt und abgespalten werden, wenn du bereits vergibst, obwohl die Wunde noch nicht geheilt ist?

Wenn wir anderen Menschen vergeben, gewinnen wir natürlich unsere emotionale Freiheit zurück, die in den Wunden gebunden war, die sie uns zugefügt haben. Aber macht es nicht mehr Sinn, zuerst die Wunde zu heilen, die Emotionen zu fühlen, die verletzten Anteile zu integrieren, bevor wir die Absicht setzen, zu vergeben? Macht es nicht mehr Sinn, zunächst Mitgefühl für uns selbst an den Tag zu legen, ja sogar für unsere dunkelsten, aber eben urmenschlichsten

Emotionen von Wut und Hass? Bevor wir das emotionale Gift der Wunde nicht aus uns gelöst haben, ist ein einseitiger Fokus auf Vergebung eher wie ein schmuddeliges Pflaster, das uns kurz Erleichterung ermöglicht, aber die Wunde langfristig nässen und noch mehr eitern lässt.

Wir müssen nicht bewusst vergeben! Wir müssen uns auch nicht entscheiden, zu vergeben! Wenn wir den Fokus vollständig auf uns richten und uns Zeit geben, die entstandene Verletzung mit viel Mitgefühl und Weichheit mit uns selbst zu heilen, sind emotionale Freiheit und Vergebung das ganz natürliche Nebenprodukt, das entsteht, ohne dass wir die emotionale Erfahrung und den Verarbeitungsprozess ausklammern müssen.

ICH DARF NICHT WÜTEND SEIN!

Wut ist – je nachdem wie im eigenen Familiensystem mit ihr umgegangen wurde – eine oft mit sehr viel Schuld, Scham und Selbstablehnung assoziierte Emotion. Viele Menschen, mit denen ich gearbeitet habe, sagten mir, sie hätten schwören können, dass da keine Wut in ihnen sei und sie eher ein friedliebendes Grundgemüt hätten. Als sie jedoch tiefere Stadien der Selbstverbundenheit erreichten, offenbarte sich doch die Wut.

Geschichten wie diese zeigen, wie raffiniert unser Körpersystem darin ist, Emotionen und daraus resultierende Verhaltensmuster, die ihm gefährlich erscheinen, in den Schatten unserer Psyche zu verbannen und mit emotionaler Taubheit zu belegen. Wir fühlen die Wut irgendwann nicht mehr, obwohl sie in jeder unserer Zellen vor sich hin brodelt. Das Problem hierbei ist Folgendes: Werden Wut und Aggression nicht gefühlt, lernen wir auch nicht, ihr auf angemessene Art und Weise Ausdruck zu verleihen – und richten sie

irgendwann gegen uns selbst. Die passive Aggression mündet also in Selbstverurteilung und dem Gefühl von Rechtlosigkeit, Ohnmacht und innerer Kleinheit.
So sehr Wut im spirituellen, moralischen oder religiösen Kontext auch mit einem großen Tabu belegt sein mag, so wichtig ist es, zu verstehen, dass die Emotion von Wut eine ganz natürliche Reaktion unseres Systems ist, wenn es sich in seinen Grenzen bedroht fühlt. In anderen Worten ausgedrückt: Es ist gesund, wütend zu werden, wenn Menschen – egal, ob dies bewusst oder unbewusst geschieht – unsere Grenzen verletzen.
Weil Wut eben auch nur eine Emotion ist, die gefühlt werden möchte, und sie durchaus ein nützliches Werkzeug im Rahmen unserer Selbstermächtigung ist, tun wir gut daran, wieder in einen liebevollen Kontakt mit ihr zu kommen. Je besser es uns gelingt, das Brennen unserer Wut im Körper wirklich bewusst wahrzunehmen, die Energie der Wut in unserem Körper zu erlauben, zu fühlen und zu kanalisieren, desto mehr können wir sie als ganz natürliches Signal werten, dass unser System sich gerade in seinen Grenzen und Bedürfnissen bedroht fühlt, und dementsprechend gegenlenken. Wir können dann die Energie, die in Wut und Aggression steckt, auf gesunde Weise in Kraft transformieren und sie nutzen, um eine Grenze zu setzen – ohne unsere Wut auf andere zu feuern oder in ihr zu ertrinken.

ICH BIN NICHT MEINE EMOTIONEN

Es gibt spirituelle Disziplinen, die sehr stark den Fokus darauf legen, die Illusion der eigenen Körperlichkeit zu durchbrechen und sich auf das rein Geistige, Seelische und Unendliche zu fokussieren, das wir in unserer wahren Natur tatsächlich sind. Ich möchte diesen Disziplinen nicht ihre Berechtigung absprechen, weil es Menschen geben mag, für die dieser Weg funktioniert hat. Gleichzeitig habe ich zahlreiche Menschen gesehen, die sich auf solchen Wegen absolut verloren haben und in spirituellen Sphären gestrandet sind, in denen sie mit ihrem Menschsein, ihrem physischen Leben und vor allem den Herausforderungen, mit denen wir hier alle konfrontiert sind, überhaupt nicht mehr klargekommen sind.

Diese Menschen mögen kurzzeitige Erleuchtungsmomente spiritueller Ekstase oder »Out of Body«-Erlebnisse erfahren, in denen sie sich als Alleinheit und reines Bewusstsein erfahren. Doch was ist der Nutzen davon, wenn wir mit der körperlichen Erfahrung des Menschseins hadern, uns von der Welt, von unserem Körper und dadurch auch von uns selbst entfremdet fühlen? Was bringt dir ein spiritueller Weg, wenn er dir nicht dabei hilft, wirklich Erfüllung in deine Beziehung, deine Finanzen und deine Gesundheit zu bringen oder ein erfülltes Menschsein zu leben, um dich in dir selbst und auf dieser Welt sicher, geborgen und gehalten zu fühlen?

Weil Trauma und die damit verbundene Entgrenzung nachhaltig schädliche Effekte auf unser Körpersystem, unser Stresslevel und auf die Art und Weise haben, durch welche Filter wir unsere Welt wahrnehmen, muss es meiner Meinung nach auch auf genau dieser Ebene geheilt werden, sodass wir auf einem stabilen und geerdeten Fundament spirituell wachsen können.

Jegliche Form von Spiritualität bekommt die so oft notwendige traumasensitive Note, wenn sie dich Mitgefühl mit dir selbst lehrt und dir jegliche Form von Grundlagen für Selbstverurteilung gegen das entzieht, was du gerade fühlst und wo du gerade stehst. Ich habe in Bezug auf meine eigene Entwicklung – sosehr ich mich in all den Jahren auch in schnellem Tempo transformiert haben mag – eine recht gelassene Grundeinstellung entwickelt. In der Praxis heißt das: Wenn ich in alte Muster zurückfalle, falle ich eben zurück. Es ist okay und es wird sich wieder verändern. Wenn ich negative Emotionen fühle, fühle ich eben negative Emotionen. Es ist okay und die negativen Emotionen werden durchfließen und Platz für neue machen. Wenn ich an meinen eigenen Ansprüchen scheitere, dann scheitere ich eben an meinen Ansprüchen. Ich werde weich mit mir selbst, versuche mich liebevoll dort zu halten, wo ich gerade stehe, und weiß, dass mich diese Grundhaltung viel mehr dabei unterstützen wird, mein bestes Selbst zu sein, anstatt mich ständig zu peinigen und voranzutreiben.

Viele Menschen haben mich verzweifelt gefragt: »Wann ist dieser Weg endlich zu Ende? Ich habe keine Lust mehr darauf. Ich will endlich leben.« Nun, solange du lebst, ist dieser Weg niemals zu Ende, weil Menschsein ständige innere Evolution bedeutet. Deswegen atme tief durch, nimm dich dort liebevoll an, wo du stehst, und versuche dich für einen Weg zu entscheiden, der dich nicht anstrengt, sondern erfüllt, so unangenehm die Konfrontation mit dir selbst und deinem inneren Schatten auch manchmal sein mag. Entscheide dich, authentisch und echt zu sein. Sei verbunden mit deinen Bedürfnissen, sosehr du sie auch unterdrücken magst. Sei verbunden mit deinen Grenzen, sowenig du sie manchmal auch spüren magst. Und sei verbunden mit deinen Emotionen, sosehr du auch manchmal im Widerstand sein magst, sie zu fühlen und anzuerkennen.

ALLTAGSRITUAL: FRIEDEN SCHLIESSEN MIT DEINER HOCHEMPATHIE

Fokussierst du dich oft auf die negativen Aspekte deiner Hochempathie? Verfluchst du oft, dass du so viel spürst, so viel wahrnimmst, dich immer irgendwie unzugehörig oder verstanden fühlst? Zweifelst du häufig an dir selbst?

Lass uns Schritt für Schritt hier einen Perspektivenwechsel vornehmen. Und keine Sorge: Du musst nicht von heute auf morgen zum absoluten Fan deiner Hochempathie werden, wenn du ihr bisher eher mit Scham, Ablehnung oder Angst begegnet bist. Steter Tropfen höhlt den Stein.

»Welche Möglichkeiten gibt mir diese Fähigkeit?«

Jedes Mal, wenn du dich in einer Opferrolle wiederfindest und dich dabei ertappst, wie du Gedanken hast, in denen du dich schlecht, falsch, verflucht oder ausgeliefert fühlst, weil du so viel bei anderen Menschen spürst, diszipliniere deinen Verstand und sage ihm:

> »Ja, diese Geschichte über mich kenne ich. Ich habe sie oft genug gehört. Sie hat ihre Berechtigung. Doch was wäre, wenn wir jetzt eine neue Perspektive einnehmen können?«

Durch dieses Präsentwerden mit deinen leidvollen Gedanken über dich selbst kannst du dich dann fragen:

> »Welche Möglichkeiten gibt mir diese Fähigkeit und wie kann ich sie vollkommen in mein Leben integrieren?«
> »Wie kann ich mich für Begegnungen und Situationen öffnen, in denen ich für meine Hochempathie geschätzt werde?«
> »Wie kann ich Jobs, Beziehungen oder Situationen kreieren, die meiner Hochempathie vollkommen gerecht werden, anstatt ihr entgegenzuwirken?«

Erinnere dich an die Seelengabe, die du mitgebracht hast. Bitte deine Seele, deinen ganzen Körper und alle Anteile, die mit dieser Seelengabe hadern, ihr nun mit Liebe und Mitgefühl zu begegnen.

Du kannst übrigens auch die Heilmeditation »Die Ressource von Mitgefühl in dir aktivieren« (s. Seite 41) machen und diese Ressource dabei allen Anteilen in dir schenken, die sich in diesem Zusammenhang besonders falsch oder unzugehörig auf einer für sie oft fremden Welt fühlen.

HEILMEDITATION FÜR REGENERATION UND NACHNÄHRUNG

Wenn du zu sehr ins Tun und Machen kommst, zu sehr in die Performerrolle gerätst und deine Energie sehr stark in deinem mentalen Raum fokussiert ist, ist die Wahrscheinlichkeit groß, dass du dich, deine Bedürfnisse und deine Grenzen nicht mehr spüren kannst. Wir alle kennen diese Momente, in denen wir nur noch funktionieren und uns kaum oder überhaupt nicht mehr mit uns verbunden fühlen.
Im Downloadbereich (s. Seite 11) findest du die Meditation »Ein heilsames Frequenzbad zur Regeneration und Nachnährung«, in der wir gemeinsam ein heilsames »Frequenzbad« nehmen und deinem Körperenergiesystem dabei helfen, sich aufzutanken, sich zu regenerieren und sich nachzunähren. Genieße diese heilsamen Frequenzen, die auf einer tiefen energetischen Ebene für dich arbeiten und dich in einen heilsamen Raum des Seins ziehen, in dem du zu dir finden und dich wieder spüren kannst. Integriere einen Raum der Selbstfürsorge in deinen Alltag, der nur dir gehört und der von niemand anderem betreten werden kann. Du hast es dir verdient!

Was nimmst du aus diesem Kapitel mit?

- Nicht unsere Hochempathie ist das Problem, sondern der Mangel an stabilen Grenzen.
- Instabile Grenzen sind immer die Folge eines zersplitterten Selbst, aus dem heraus wir energetisch ständig in unserem Umfeld andocken und die Bedürfnisse und Empfindungen anderer Menschen besser spüren als uns selbst. In diesem Zustand wird die Seelengabe der Hochempathie zu einer Bürde, durch die wir ständig die Lasten anderer Menschen absorbieren und uns schwertun, uns auf tiefere Formen der Intimität einzulassen.
- Trauma ist die Hauptursache für unser zersplittertes Selbst, weil es unsere Seelenenergie zersplittert und uns von der natürlichen Verbindung mit unserem Körper, unseren Bedürfnissen und unseren Grenzen abtrennt. Je weniger wir dadurch bei uns sind, desto anfälliger sind wir auch für schädliche Konditionierung von außen und desto schneller tappen wir in die Schuld- und Schamfalle, wenn wir nicht so sein können, wie es von anderen Menschen erwartet wird.
- Trauma ist meiner Wahrnehmung in erster Linie nach nicht das, was uns objektiv passiert, sondern die Konfrontation mit einer energetischen Einwirkung von außen, die unser System nicht angemessen prozessieren kann. Das können bereits im Mutterleib Angst- und Stressgefühle unserer Mutter sein, die für unser System einfach zu viel sind.

- Wir alle tragen eine individuelle energetische Kernsignatur in uns. Je mehr wir mit dieser Ursprungsfrequenz verbunden sind und danach leben, desto erfüllter fühlen wir uns. Je größer die Dissonanz zwischen unserer Ursprungsfrequenz und den Menschen ist, mit denen wir uns umgeben, desto unverbundener und leerer fühlen wir uns.
- Traumaheilung bedarf eines körperorientierten Ansatzes, über den wir unserem System schrittweise die Möglichkeit geben, sich emotional zu regulieren, alte Gefühle in einem Raum von Präsenz und Mitgefühl zu entladen und dadurch einen Integrationsprozess für verwundete Innere-Kind-Anteile in uns zu initiieren, die danach rufen, dass wir endlich mit ihnen fühlen.
- Ein traumasensitiver spiritueller Weg, der uns unseren Emotionen, Bedürfnissen und Grenzen näher bringt, anstatt uns noch mehr davon abzuspalten, bringt uns in eine tiefere Verbundenheit mit uns selbst und näher an den Kern unserer ursprünglichen Seelenenergie.

Kapitel 3

Ein Selbstverständnis für gesunde Grenzen entwickeln

ALLE EMOTIONEN SIND WICHTIG

Wir leben in einer Welt der Kontraste. In einer Welt mit Tageslicht und Dunkelheit, Schöpfung und Zerstörung, Geburt und Tod. Und eben auch in einer Welt von Ja und Nein. Ich bin der felsenfesten Überzeugung, dass wir hier sind, um all die Kontraste zu meistern. Das perfekte Beispiel hierfür sind Emotionen. Viele Menschen träumen auf ihrer spirituellen Reise davon, irgendwann keine negativen Emotionen mehr zu haben. Das ist die falsche Herangehensweise. Wir brauchen negative Emotionen, um zu fühlen, wo wir gerade stehen und dass wir gerade nicht mit unserer reinen Essenz verbunden sind. Es ist wichtig zu erkennen, dass ein Gefühl in uns dominiert, das gesehen und gefühlt werden möchte.

Mit Emotionen ist es wie mit Grenzen. Haben wir sie zu lange ignoriert und unterdrückt, werden wir irgendwann taub in Bezug darauf. Wir glauben dann, es sei normal, unsere Emotionen und Grenzen nicht zu spüren. Doch was passiert dann? Richtig. Wir leben gegen uns. Funktionieren. Und richten unser Leben nach den Erwartungen und Bedürfnissen anderer Menschen aus, anstatt unserem inneren Kompass zu lauschen, der uns genau signalisiert, was für uns stimmig ist und was nicht.

»Wenn es nicht für dich stimmig ist, dann kann es auch nie für die andere Person stimmig sein, selbst wenn sie glaubt, dass es so wäre« ist der Reminder, den ich mir immer dann vorbete, wenn ich auf ein Anliegen, das an mich herangetragen wird, mit einem Nein reagiere. Mittlerweile sage ich in meinem Leben oft Nein. Nein zu Klienten*innen, die mit mir arbeiten wollen, bei denen ich allerdings spüre, dass dies (noch) nicht der richtige Weg für sie ist. Nein zu Projekten, an denen ich mitwirken soll, von denen ich allerdings nicht *überzeugt bin*. Nein zu Erwartungen, die subtil im Raum stehen, wenn ich mit geliebten Menschen, Partner*innen oder Familienmitgliedern zusammen bin. Nein zu gesellschaftlichen Werten und Vorstellungen, die ich nicht teilen kann und möchte.

MEINE EIGENE GESCHICHTE DES NEINSAGENS

Ich bin in einem Familiensystem aufgewachsen, in dem sehr oft nicht Nein gesagt wurde, obwohl es notwendig gewesen wäre. In meiner Familie war jedes Nein mit Schuldgefühlen besetzt. Deshalb wurde es nicht ausgesprochen, sondern auf später verschoben. *Dieses eine Mal* wurden dann doch noch einmal die Erwartungen des Gegenübers erfüllt, obwohl man längst fühlte, dass es ungesund war. In meiner Familie wurde auch dann noch Ja gesagt, wenn das Verhalten anderer längst inakzeptable Züge angenommen hatte – etwa von Handwerkern, die Reparaturen am Haus tätigten, Verwandten, die offensichtlich Grenzen überschritten, oder Freund*innen, die eigennütziges Verhalten auf unsere Kosten an den Tag legten. Man wollte die Harmonie im Außen wahren, indem man ein Nein vermied, und zahlte stattdessen den Preis der Disharmonie in sich selbst.
Wie um alles in der Welt hätte ich in dieser Familie eine gesunde Beziehung zu meinem inneren Nein entwickeln können? Unbewusst hegte und pflegte ich das Glaubenssystem, ich sei nur richtig, wenn ich Ja zu allem sagen würde, was an mich herangetragen wurde. Nur

in meiner Familie rebellierte ich – soweit es mir möglich war –, weil ich die giftige Energie der Aufopferung, die in allen Ecken schwelte, einfach nicht aushalten konnte. Doch ansonsten kuschte ich, sei es in meinen Freundschaften, in meinen ersten Ferienjobs oder in meinen ersten romantischen Beziehungen.

Ein Nein bedeutet für mich gemäß meiner familiären Prägung Verlustangst, Schuldgefühle und Angst davor, verurteilt oder angegriffen zu werden. Also umging ich es, soweit es mir nur möglich war. Je unsicherer ich mich in Beziehungen fühlte, desto schwerer fiel mir ein Nein. So speiste ich jahrelang in mein System Erfahrungen hinein, die mich noch mehr von mir selbst entgrenzten und mich in einer falschen Komfortzone des ewigen Jasagens hielten.

Wenn ich auf meinen Weg zurückblicke, so erlebte ich zum Thema Grenzen immer wieder neue Durchbrüche und gleichzeitig auch immer wieder Rückschritte, bei denen ich mich darüber ärgerte, nicht für mich eingestanden zu sein, obwohl ich es fühlte.

Am schwierigsten fiel es mir – und das Thema zeigt sich sogar heute noch hin und wieder –, Grenzen zu setzen, wenn Menschen ihre ganzen Erwartungen in mich legten und ich durch das Aussprechen eines Neins diese Seifenblase zum Platzen brachte. Es ist offensichtlich, dass allein das Muster – all diese Erwartungen bedienen zu müssen – absolut ungesund ist. Wer ist schon in der Lage, all die Projektionen zu tragen, die Menschen auf einen laden wollen? Doch mein »Retterkomplex« verführte mich immer wieder dazu, ein Nein hinauszuzögern, obwohl es längst überfällig war. Es ist die Kraft des potenziellen Neins, die uns die Freiheit gibt, uns vollkommen auf Erfahrungen einzulassen. Wir spüren immer mehr, dass wir jederzeit eine Grenze setzen können, wenn etwas nicht stimmig für uns ist. Sosehr es uns manchmal auch aus der Komfortzone drücken mag, echt und authentisch ein Nein auszusprechen, so viel Entspannung bringt es im Anschluss in unser System. Jedes Nein, das wir von Herzen aussprechen, befreit uns mehr aus unseren Fesseln von Scham und Schuld.

DIE URSACHEN FÜR DAS IGNORIEREN DER EIGENEN GRENZEN

Je mehr emotionale Fragmentierungen wir in uns tragen, desto mehr werden wir bewusst oder unbewusst von den damit verbundenen Emotionen gesteuert, die unsere Programme schüren. In Bezug auf das Thema Grenzen bedeutet das, dass du Schuld empfindest, wenn du Grenzen setzt. Angst. Hilflosigkeit. Vielleicht empfindest du auch Apathie oder emotionale Taubheit in Bezug auf deine eigenen Grenzen, was dazu führt, dass du es für völlig normal hältst, wenn deine Grenzen permanent überschritten werden.

Je unintegrierter unsere Grenzen sind, desto eher resonieren wir in dieser »Frequenz der Grenzenlosigkeit« auch mit ebensolchen Menschen, die unsere Grenzen nicht sehen oder respektieren wollen. Wir laufen dann unbewusst mit dem energetischen Etikett durch die Gegend, das ausstrahlt: »Ich stelle mich zur Verfügung.« So habe ich zum Beispiel jahrelang Menschen angezogen, die in festen Beziehungen waren und mich in eine Romanze verwickeln wollten, in der ich die Bedürfnisse abdecken sollte, die sie nicht in ihrer Beziehung erfüllt bekamen. Ich bediente dieses Muster auf Kosten meiner eigenen Integrität und stellte mich für ein Beziehungsprogramm zur Verfügung, in dem ich mich selbst ausnutzen und ausbeuten ließ. Das Leben ist tatsächlich sehr gut darin, uns zu zeigen, wo unsere Grenzen zu schwach und zu instabil sind. Es »schickt« uns entsprechende, oft sehr schmerzhafte Spiegel, die uns genau zeigen, wo wir unsere Grenzen überschreiten lassen.

Wenn ich das hier so schreibe, könnte man fälschlicherweise auf die Idee kommen, dass Grenzensetzen bedeutet, dass wir uns einfach zwingen müssen, Nein zu sagen, wenn wir es fühlen. Damit *würden wir* dann schon das erreichen, was wir uns wünschen, *nämlich gesehen und respektiert zu werden.* Klar geht es darum, auch im Außen

notwendige Schritte zu tun und wirklich zu üben, ein Nein auszusprechen, wenn wir es fühlen. Aber unser Leben verändert sich nur dann im Außen, wenn wir innerlich die energetischen Voraussetzungen geschaffen haben, also unsere Frequenz geändert haben.
Umgehen wir die Innenarbeit und versuchen wir, die Emotionen zu verdrängen, die uns darin blockieren, gesunde Grenzen zu setzen, können wir uns im Außen noch so stark abgrenzen. Weil wir jedoch innerlich noch immer in einer Frequenz besagter belastender Emotionen resonieren, werden unsere Grenzen trotzdem oft nicht anerkannt und gesehen. Sie werden trotzdem noch verletzt oder unser Gegenüber reagiert nach wie vor mit Unverständnis auf das, was wir kommunizieren. Anders gesagt: Grenzen aus dem zersplitterten Selbst heraus zu setzen, *führt zu weiterer Trennung und* zu weiterem Drama in unseren Beziehungen und im Alltag, weil sie einem Ort der emotionalen Verwundung entspringen.
Grenzen aus dem »integrierten Selbst« *heraus zu setzen, führt* dagegen zu Verbundenheit und noch mehr Intimität in unserem Alltag und unseren Beziehungen, weil sie einem Ort der Integrität entspringen. Je mehr unserer emotionalen Fragmentierungen wir also geheilt und integriert haben, desto mehr resonieren wir ganz automatisch in einer Frequenz von Selbstrespekt und Selbstverbundenheit. Wir werden dann feststellen, dass uns das Grenzensetzen keine Kraft und Überwindung mehr kostet und in vielen Bereichen gar nicht mehr notwendig ist, weil Menschen unsere Grenzen ganz natürlich respektieren und uns dementsprechend behandeln. Der Schlüssel zu gesunden Grenzen liegt also in einem integrierten Selbst.

Selbstcheck: Wie steht es um deine Grenzen?

Je emotional geladener für uns das Thema Grenzen ist, desto angespannter und herausfordernder manifestiert es sich für uns in unserem Alltag. Es lohnt sich wirklich, in allen Lebensbereichen genauer »hinzufühlen«, was dich unbewusst steuert, begrenzt und in alten Programmen feststecken lässt. Beim folgenden Selbstcheck geht es genau darum. Er dient dir erst einmal als ganz nüchterne Bestandsaufnahme. Lies dir die folgenden Aussagen durch und ergänze sie mit den Gefühlen, die dabei in dir getriggert werden. Nimm dir hierfür gern ein Blatt Papier oder ein Notizbuch zur Hand, in das du die Emotionen reinschreibst, die dir in den Sinn kommen. Wichtig: Zerdenke die Aussagen nicht, sondern lausche in dich hinein.
Du kannst – musst aber nicht – hierzu die Bewusstseinsskala aus Kapitel 1 (s. Seite 37) zur Hand nehmen und sie als Inspiration nutzen, um die Aussagen zum Thema Grenzen für dich zu überprüfen. Vielleicht möchtest du aber auch ganz spontan »fühlen«, was aus dir herausfließt, während du dir folgende Aussagen durchliest.

1. Wenn ich spüre, dass andere etwas von mir brauchen, was ich ihnen nicht geben kann, fühle ich mich …
2. Wenn ich etwas von anderen brauche, das sie mir nicht geben wollen, fühle ich mich …
3. Wenn andere Menschen in meinem Umfeld leiden, dann fühle ich mich …

4. Wenn Menschen mir in Beziehungen zu nahe kommen, fühle ich mich ...
5. Bei der Vorstellung, ihnen mitzuteilen, dass ich mehr Raum brauche, fühle ich mich ...
6. Wenn meine Mutter oder mein Vater von mir enttäuscht sind, fühle ich mich ...
7. Wenn ich mit Menschen zusammen bin, die andere Werte und Meinungen als ich teilen, fühle ich mich ...
8. Wenn ich mir vorstelle, meinen Freund*innen mitzuteilen, dass ich nicht zu ihrem Geburtstag kommen möchte, fühle ich mich ...
9. Wenn ich auf einem Date bin und mein Gegenüber mit mir Sex haben möchte, ich dies jedoch nicht erwidern möchte, fühle ich mich ...
10. Wenn ich einer Person, die ernsthaft an mir interessiert ist, einen Korb gebe, fühle ich mich ...
11. Wenn Menschen mir Dinge vorwerfen, die sich für mich nicht stimmig anfühlen, fühle ich mich ...
12. Wenn Menschen mich, meine Einstellung oder mein Verhalten kritisieren, fühle ich mich ...
13. Wenn ich eine romantische oder freundschaftliche Beziehung beenden möchte, weil sie sich für mich nicht mehr richtig anfühlt, fühle ich mich ...
14. Wenn ich durch Menschenmassen gehe, fühle ich mich ...
15. Wenn ich etwas falsch gemacht habe und vor anderen meine Fehler eingestehen muss, fühle ich mich ...
16. Wenn ich für mich einstehe und Wahrheiten aussprechen möchte, die für mein Gegenüber unangenehm sein könnten, fühle ich mich ...

17. Wenn ich mich in Beziehungen moralisch unkorrekt verhalte, fühle ich mich …
18. Wenn ich in meinen Beziehungen wütend werde und es zum Streit kommt, fühle ich mich …
19. Wenn Menschen etwas in mich hineinprojizieren, was ich nicht erfüllen kann, fühle ich mich …
20. Wenn ich für meine Bedürfnisse und Grenzen einstehe, liegt meine größte Angst darin …
21. Nachdem ich die Liste ausgefüllt habe, fühle ich mich …

Hand aufs Herz. Wie war dieses Experiment für dich? Welche Aussagen haben dich besonders getriggert? Wo war die emotionale Ladung für dich am größten? Wie fühlst du dich jetzt? Je anstrengender du es empfunden hast, diesen Aussagen nachzuspüren und die für dich stimmigen Emotionen zu entlarven, desto mehr kannst du davon ausgehen, dass hier innere verletzte Anteile samt all ihrer inneren Widerstände aktiviert werden. Emotionale Bewusstheit ist der erste Schritt der Heilung, weil wir jene Schatten mit Licht beleuchten, die hier eine tiefere Integration erfordern.

UNSERE GRENZEN HEILSAM INS RECHTE LICHT RÜCKEN

Unsere Grenzen definieren, wer wir sind, und spannen einen gesunden Raum um unsere Bedürfnisse, sodass wir auf Basis einer soliden Ich-Stärke durchs Leben gehen können. So könnte eine neutrale Definition zum Thema Grenzen lauten. Für viele Menschen allerdings hat das Thema Grenzen eine starke emotionale Ladung, die davon abhängt, welche Erfahrungen und Konditionierungen sie in Bezug auf das Thema Grenzen erfahren haben.

Was bedeutet Grenzensetzen für dich? Empfindest du vielleicht Schuldgefühle, weil du die Erfahrung gemacht hast, dass Menschen dir Vorwürfe machen, wenn du Grenzen setzt? Oder hast du vielleicht bereits als Kind das Familienmuster übernommen, dass du kein Recht hast, Grenzen zu setzen? Nimmst du Gefühle von Ohnmacht wahr, weil du oft erlebst hast, dass du nicht in der Lage warst, Grenzen zu setzen, obwohl du es eigentlich wolltest? Oder hast du eher Angst, weil du die Reaktion deines Gegenübers auf deine Grenzen nicht kontrollieren kannst, und befürchtest, verurteilt, angegriffen oder verlassen zu werden?

Welche unintegrierten, verletzten Anteile in uns auch getriggert werden, wenn es um das Thema Grenzen geht: Wir sehen in diesem Moment uns und unsere Mitmenschen durch den Filter dieser Anteile und tun uns deshalb oft schwer, eine neutrale Perspektive auf das Thema Grenzen einzunehmen, nämlich dass Grenzen eine Beziehung nicht spalten, sondern verstärken können. Noch einmal: Was für dich nicht stimmig ist, kann auch für die Beziehung als Ganzes nicht stimmig sein, weil Aufopferung niemals Verbundenheit, sondern immer nur Spaltung oder Trennung generiert. Lass uns zunächst mit typischen Missverständnissen zum Thema Grenzen aufräumen, die diesen verletzten inneren Anteilen entspringen, und stattdessen eine bewusste und höhere Perspektive darauf einnehmen.

MISSVERSTÄNDNIS NUMMER 1: WENN WIR GRENZEN SETZEN, VERLETZEN WIR ANDERE MENSCHEN

In dem Moment, in dem wir Angst verspüren, andere Menschen zu verletzen, wenn wir Grenzen setzen, sind wir mit unserem Fokus bereits außerhalb von uns. Wir räumen also den Bedürfnissen anderer Menschen eine größere Priorität ein als unseren eigenen. Wir trennen uns von uns selbst, um mit anderen Menschen verbunden zu bleiben. Kann das funktionieren? Eher nicht.

Wir können uns nicht gesund mit anderen Menschen verbinden, wenn wir gleichzeitig getrennt von uns selbst sind. Lass uns hier also den Fokus verändern: Ja, wenn wir Grenzen setzen, verletzen wir jene Menschen, die nicht in der Lage sind, mit Grenzen umzugehen. Gleichzeitig bieten wir ihnen eine Möglichkeit zur Desillusionierung dessen, was wir bereit und in der Lage sind, ihnen zu geben. Verwirrung und ungeklärte Erwartungen können einer gesunden Klarheit und Wahrheit weichen, die es dir ermöglichen, dich so in dieser Beziehung zu positionieren, wie es für dich stimmig ist. Dies wiederum ermöglicht es deinem Gegenüber, zu erkennen, wo es Erwartungen und Bedürfnisse in dich hineinprojiziert hat, die du nicht zu bedienen bereit bist. Du übernimmst Verantwortung für deinen Raum und gibst deinem Gegenüber die Chance, emotionale Verantwortung für das zu übernehmen, was das Setzen deiner Grenze in ihm auslöst. So habt ihr beide die Möglichkeit, an dieser Situation zu wachsen, anstatt euch über einen Raum von Verstrickung zu verbinden, der schlussendlich nur zu Trennung und Unverbundenheit führen kann, weil du dich nie authentisch wohl mit einer Person fühlen kannst, die deinen Raum auf eine Weise beansprucht, die dich überfordert.

Im Übrigen: Wenn Menschen dazu neigen, deine Grenzen permanent zu überschreiten, solltest du grundsätzlich die Beziehung zu ihnen hinterfragen. In anderen Worten: Wenn du beginnst, Grenzen zu setzen, und deine Mitmenschen reagieren darauf mit Manipulation, Druck oder Liebesentzug, kann es sein, dass du hier eine großartige Chance hast, dein Umfeld »aufzuräumen« und Platz zu schaffen für Beziehungen, die auf Respekt und Wertschätzung deiner eigenen Bedürfnisse und Grenzen anstatt auf Co-Abhängigkeit und Aufopferung beruhen.

Du solltest deine Beziehungen nicht damit verbringen müssen, die Weigerung deines Gegenübers aushalten zu müssen, Verantwortung für sich selbst zu übernehmen. Damit suggerierst du deinem System nur immer wieder aufs Neue eine Definition von Bindung, die dich kleinhält und dich darauf reduziert, was du in einer Beziehung zu geben hast.

Bewusster Perspektivenwechsel

Anstatt den Fokus auf das zu richten, was das Setzen von Grenzen mit unserem Gegenüber macht, können wir also den Fokus auf uns zurückverlagern und feststellen: Wenn wir Grenzen setzen, respektieren und ehren wir uns selbst, anstatt uns selbst zu opfern und zu verletzen.

MISSVERSTÄNDNIS NUMMER 2: WENN WIR GRENZEN SETZEN, MÜSSEN WIR UNS SCHÜTZEN UND UNS EMOTIONAL VERSCHLIESSEN

Viele von uns mögen gelernt haben, dass Grenzen zu setzen bedeutet, uns abzukapseln, uns zu distanzieren, emotional die Schotten dicht zu machen und unser Herz zu verschließen. Es mag punktuell Situationen in unserem Leben geben, in denen die Strategie des absoluten Platzverweises die einzige Möglichkeit ist, um unsere körperliche und emotionale Sicherheit zu gewährleisten. Dies ist vor allem dann der Fall, wenn Menschen wirklich körperlich oder emotional auf eine Weise übergriffig werden, die uns keine andere Chance lässt, als der anderen Person jegliche Möglichkeit zu verwehren, mit uns in Verbindung zu treten.

Zu diesen radikalen Lösungen habe ich in meinem Leben dann gegriffen, wenn mir klar wurde, dass andere Menschen so in ihrer eigenen Wahrnehmung und in ihren eigenen Mustern gefangen waren, dass sie wie ein Roboter immer weiter versuchen würden, ihre Trigger, ihren Schmerz, ihre Erwartungen und ihre Projektionen auf mich zu feuern, wenn ich ihnen auch nur ansatzweise Raum dafür geben würde. In den meisten Fällen allerdings – vor allem im Rahmen von Beziehungen, in denen wir wirklich miteinander reifen können – gibt uns das Setzen von Grenzen die Möglichkeit, noch weicher, verbundener und integrierter in uns selbst zu werden. In der Folge heben wir auch die Beziehung zu unserem Gegenüber auf ein neues Level.

Je mehr wir uns für unsere eigenen Grenzen und Bedürfnisse öffnen, je weicher und tiefer wir in uns selbst eintauchen und Orte der Trennung in uns heilen, die durch Schuld, Scham und Angst in Bezug auf unsere eigenen Bedürfnisse gekennzeichnet sind, desto weniger müssen wir uns emotional verschließen und distanzieren, wenn wir Grenzen setzen. Können wir offen mit uns selbst bleiben – weich und erlaubend selbst mit negativen Emotionen in Bezug auf das Setzen von Grenzen –, können wir uns diese Offenheit auch nach außen bewahren. Unsere Grenzen entspringen dann keinem Ort der Trennung, der Wut, der emotionalen Kälte oder der Angst, vereinnahmt zu werden. Sie entspringen einem Ort der Verbundenheit, der Selbstliebe und des Selbstrespekts, aus dem heraus wir offen und weich mit unserem Gegenüber bleiben können, selbst wenn wir potenziell unbequeme Wahrheiten aussprechen oder Dinge sagen, von denen sich unser Gegenüber getriggert fühlen könnte.

Bewusster Perspektivenwechsel
Wenn wir Grenzen setzen, können wir uns noch tiefer auf die Beziehung mit unserem Gegenüber einlassen, weil wir uns noch tiefer auf uns selbst einlassen.

MISSVERSTÄNDNIS NUMMER 3: WENN WIR LERNEN WOLLEN, GRENZEN ZU SETZEN, MÜSSEN WIR AN UNSERER VERHALTENS- UND KOMMUNIKATIONSEBENE ARBEITEN

Wie viel Zeit und Energie hast du investiert, dir Gedanken darüber zu machen, wie du am besten ein Nein kommunizierst oder wie du am besten für deine Bedürfnisse und Grenzen einstehst und deinem Gegenüber dein Anliegen beibringst? Klar, mag es hier Strategien geben, die für dich besser oder schlechter funktionieren. Es mag Arten der Kommunikation geben, die dir den Einstieg erleichtern oder dich sicher fühlen lassen. Nichtsdestotrotz kratzen wir, wenn es um das Thema Grenzen geht, auf der Verhaltens- und Kommunikationsebene damit an der Oberfläche.

In meiner Welt geht es nicht in erster Linie darum, wie du für dich einstehst und welche Verhaltens- und Kommunikationsmuster du dabei an den Tag legst. Es geht vielmehr darum, wie emotional sicher und stabil du dich darin fühlst. Wenn du voller Angst, Schuld und Selbstverurteilung bist, während du Grenzen setzt, kannst du so viel und bewusst kommunizieren, wie du magst. Energetisch sendest du trotzdem ein Signal aus, das in die Richtung geht: »Ich verdiene die Grenze oder das Bedürfnis gar nicht, das ich hier kommuniziere.« Das gibt deinem Gegenüber wiederum die Möglichkeit, dich hierbei nicht ernst zu nehmen, dich nicht zu sehen und zu respektieren. Schließlich bist du in diesem Moment nicht in Selbstrespekt und Selbstfürsorge mit dir verbunden, sondern agierst aus einem emotionalen Raum von Schuld und Angst, so selbstbewusst du auch versuchen magst, dabei zu wirken.

Die Fähigkeit, selbstbewusst und selbstermächtigt Grenzen zu setzen, entspringt weniger der Souveränität in unserer Kommunikation, sondern vielmehr dem Ausmaß, wie sehr wir energetisch bei uns sind und wie sehr unsere Grenzen und Bedürfnisse emotional integriert sind. Je mehr Schuld und Angst das Setzen von Grenzen in dir auslöst, desto zersplitterter ist in dieser Hinsicht deine Energie, desto größer ist das Leck an Verletzung und Abspaltung in deinem Körperenergiesystem, aus dem heraus du dich getrennt und unverbunden mit dir selbst fühlst.

In meiner Welt ist also die emotional-energetische Ebene jene Ebene, an der wir arbeiten sollten, wenn wir nachhaltige Veränderungen darin generieren wollen, wie leicht es uns fällt, Grenzen zu setzen, und vor allem, wie unsere Mitmenschen darauf reagieren. Und unsere Mitmenschen reagieren in der Regel immer nur auf das, was wir auf energetischer Ebene ausstrahlen. In diesem Falle sind da entweder Selbstrespekt und Selbstverbundenheit oder eben Schuld, Scham, Angst und das Gefühl von Trennung in uns selbst.

Bewusster Perspektivenwechsel

Wenn wir also lernen wollen, Grenzen zu setzen, müssen wir die Verletzungen heilen, die unsere Energie zersplittert und Trennung und Abspaltung in unserem Körperenergiesystem ausgelöst haben. Dadurch strahlen wir energetisch Selbstrespekt, Selbstermächtigung und Souveränität aus und werden dementsprechend von unseren Mitmenschen wahrgenommen.

MISSVERSTÄNDNIS NUMMER 4: WIR MÜSSEN UM UNSERE GRENZEN KÄMPFEN

Was bedeutet Selbstermächtigung eigentlich? Wir haben in unserer Gesellschaft eine verdrehte Vorstellung von Macht. Wir assoziieren Macht mit körperlicher Stärke oder psychischer Widerstandsfähigkeit. Die stärkere Person gewinnt. Die stärkere Person bestimmt den Ton einer Beziehung. Die stärkere Person setzt ihre Bedürfnisse durch, während die schwächere Person eben zurückstecken muss.
Viele Jahre meines Lebens dachte ich, ich müsste im Außen widerstandsfähiger werden, um meine Grenzen besser wahren und kommunizieren zu können. Müsste laut werden, wenn sie nicht respektiert werden. Müsste mich verbal wehren und akribisch darauf achten, nicht zu kurz zu kommen, wenn ich mit Menschen in einer Beziehung stehe, die meine Bedürfnisse nicht genug respektieren.
Es gilt hier Ähnliches wie bei Missverständnis Nummer 2: Natürlich müssen wir in gewissen Situationen unsere inneren Kraftressourcen mobilisieren und Grenzen auf eine sehr resolute Weise setzen, weil dies die einzige Möglichkeit ist, um gehört und gesehen zu werden. Doch machen wir das Credo »Ich muss um meine Grenzen kämpfen« zum energetischen Fundament unserer Grenzen, wird das Leben ganz schön anstrengend.
Wie wäre es also, wenn wir unsere Perspektive auf Kraft und Macht erweitern würden? Was bedeutet es wirklich, Kontrolle über unser Leben zu haben? Was bedeutet es wirklich, in einer Situation das Ruder in der Hand zu behalten, auch wenn andere Menschen es dir zu entreißen versuchen? Die Antwort liegt in dir: Macht und Kontrolle in einer Situation hat nicht die Person, die am stärksten oder dominantesten auftritt, sondern diejenige, die die Energie am Fließen hält. Nur dann lösen sich Konflikte und Situationen zu unseren Gunsten, ohne dass wir um unsere Grenzen kämpfen müssen. Wir sind hier die kraftvollste Schwingungskomponente.

Stell dir einen gigantischen Fels in der Mitte eines Flusses vor. So stark, so solide, so dominant der Fels auch sein mag – er kann den Fluss nicht stoppen. Der Fluss wird immer einen Weg finden, um den Fels herumzufließen. »Schwingen« wir automatisch im Einklang mit der universellen Lebensenergie, ziehen wir harmonische Lösungen und Klärungen in Konfliktsituationen an.

Anstatt also den Fokus darauf zu richten, wie wir besser für uns einstehen können, ist es auf energetischer Ebene das Ziel, unsere Energie am Fließen zu halten, egal, wie sehr wir in Situationen, in denen wir uns abgrenzen oder für uns einstehen müssen, auch in Emotionen von Wut, Angst, Ohnmacht oder Schuld erstarrt sein mögen.

Wie bringen wir unsere Energie ins Fließen? Indem wir unsere Gefühle konsequent fühlen und die in negativen Emotionen gebundene Energie dadurch bewegen. Wir werden weich wie Wasser, fließend wie ein Fluss und erfahren dadurch tatsächlich, wie es sich anfühlt, stabile Grenzen aus einem Ort innerer Weichheit und Sanftheit zu generieren, ohne dabei zu erstarren und zu verhärten. Sosehr Menschen auch mit Unterdrückung oder Machtgehabe aufwarten mögen: Sind wir weich und fließend mit dieser Situation und unseren Emotionen, haben wir im Einklang mit der universellen Lebensenergie hier den ganzen Rückenwind des Universums und entdecken, was wahre Kraft bedeutet.

Bewusster Perspektivenwechsel

Wahre Macht bedeutet, im Flow zu sein. Je mehr wir in Konfliktsituationen oder in Situationen, in denen wir uns abgrenzen müssen, im Widerstand gegen die Situation und das sind, was wir dabei fühlen, desto mehr Macht geben wir ab. Den Flow stellen wir dort her, wo wir fühlen, was wir fühlen, die Energie dadurch bewegen und weich und sanft mit uns verbunden bleiben.

ALLTAGSRITUAL: SICHER IN DEINEN BEDÜRFNISSEN WERDEN

Die Körpersysteme vieler hochempathischer Menschen setzen aus alten verletzungsbasierten Gewohnheiten die Bedürfnisse und Grenzen der Mitmenschen vor die eigenen. So läuft oft ein emotionaler Autopilot von Schuld, Scham und Angst, wenn es darum geht, unsere Bedürfnisse und Grenzen zu spüren und zu kommunizieren. Häufig »tunen« wir uns auch in die Gefühls- und Bedürfniswelt unserer Mitmenschen ein, bevor wir unsere eigenen Bedürfnisse spüren, was die Verbindung zu uns selbst ständig verwässert. Um diesen Mechanismus Schritt für Schritt umzuwandeln, kannst du dein System immer wieder an folgenden Satz erinnern:

»Meine Bedürfnisse sind wichtig.«

Rational versteht diesen Satz jedes Kind, doch er darf emotional wirklich Schritt für Schritt in dich hineinsickern. Jedes Mal, wenn du daran zweifelst, ob das Setzen einer Grenze oder das Aussprechen eines Bedürfnisses angemessen ist, und du darüber nachdenkst, wie dein Gegenüber reagieren könnte, sprich innerlich oder laut: »Meine Grenzen und Bedürfnisse sind genauso wichtig wie die von anderen.« Lass die Energie dieser Affirmation durch all deine Zellen strömen und fülle deinen Körper damit auf. Erinnere deinen Körper immer wieder daran, dass es dein Recht ist, Bedürfnisse zu haben, und nicht deine Pflicht, dich immer damit zurückzuhalten, um ja nicht »zu viel« zu sein.

HEILMEDITATION ZUM SPÜREN DEINER GRENZEN

Tust du dich auch manchmal schwer, in Beziehungen deinen Raum und deine Grenzen zu spüren? Klinkt sich dein System ganz automatisch bei deinem Gegenüber ein, sodass du nicht mehr spüren kannst, wer du hier eigentlich bist und was du hier willst?

Im Downloadbereich (s. Seite 11) findest du die Meditation »Dich und deine Grenzen spüren«, mit der wir die Energie zu dir zurückholen wollen, die bei anderen Menschen angedockt ist. Du kannst diese Meditation immer dann machen, wenn du die Orientierung darüber verloren hast, wer du bist und was du willst.

Was nimmst du aus diesem Kapitel mit?

- Wir leben in einer Welt der Dualität, in einer Welt der Kontraste, in der wir das Neinsagen genauso lernen müssen, wie durch die Wellen negativer Emotionen zu surfen.
- Wenn wir Probleme haben, Nein zu sagen und gesunde Grenzen zu setzen, ist dies immer eine Vermeidungsstrategie unseres Systems, alte traumabasierte Emotionen von Schuld, Angst oder Ohnmacht nicht fühlen zu müssen.
- Gesunde Grenzen beginnen in uns selbst. Wir können uns noch so sehr abgrenzen und Nein sagen: Wenn wir unsere innere Frequenz nicht geändert haben, werden wir hierbei trotzdem nicht gesehen, gehört und respektiert. Führen wir eine Beziehung mit uns selbst, die auf Selbstrespekt gebaut ist, werden wir feststellen, dass auch unsere Mitmenschen unsere Grenzen besser sehen und respektieren.
- Grenzen, die der Selbstverbundenheit und Integrität in uns entspringen, sind in der Lage, Beziehungen sogar noch intimer und näher zu gestalten, anstatt sie zu spalten.
- Aus dem integrierten Selbst heraus strahlen wir ganz natürlich Selbstrespekt aus und werden deshalb auch im Außen respektvoll behandelt. Unsere Grenzen werden geachtet.
- Unsere Fähigkeit, Grenzen zu setzen, hängt nicht davon ab, wie widerstandsfähig oder durchsetzungsstark wir sind, sondern wie gut wir darin sind, in Konfliktsituationen weich und fließend mit unseren Emotionen und inneren Widerständen zu sein. Flow ist immer machtvoller als Nichtflow.

Kapitel 4

Die eigenen Grenzen wiederherstellen

OWN YOURSELF

Own yourself: Nimm dich wieder in Besitz! Deinen Körper. Deine Emotionen. Deine Bedürfnisse. Deine Grenzen. Die Werte und Visionen, für die du angetreten bist in diesem Leben und die du viel zu oft geopfert hast für die Bedürfnisse, Erwartungen und Konditionierungen, die von außen auf dich eingewirkt haben.

Wenn wir uns selbst wieder vollständig in Besitz nehmen, beginnen wir, eine ganz natürliche Integrität auszustrahlen: Menschen sehen uns und nehmen uns ernst. Sie beziehen sich auf unsere Bedürfnisse, respektieren uns und gehen mitfühlend mit uns um. Warum? Weil wir gelernt haben, uns selbst zu sehen, uns selbst ernst zu nehmen, uns selbst auf unsere Bedürfnisse zu beziehen und uns selbst zu respektieren. Und weil wir gelernt haben, erlaubend und mitfühlend mit uns selbst zu sein und unseren Perfektionswahn, von dem wir uns Sicherheit und Anerkennung versprochen haben, loszulassen.

Uns selbst wieder in Besitz zu nehmen, bedeutet lebenslange Evolution. Es geht um die Reise an sich als um das Ankommen und wir dürfen geduldig und mitfühlend mit uns sein. Es ist kein linearer Prozess. Wir werden uns dabei immer weiter rückverbinden, ausdehnen, uns auf dem neuen Level stabilisieren und dann wieder durch Prozesse gehen, die Wachstums- und Dehnungsschmerz in uns auslösen. Dabei dringen wir nach und nach zu unserem Kern vor und dürfen alte Muster, Glaubenssysteme und Emotionen loslassen.

Lass uns diese Reise genießen! Es ist die Erfahrung der Unvollkommenheit des Menschseins, die wir liebevoll annehmen und gleichzeitig als Einladung verstehen dürfen, immer mehr unser bestes Selbst zu leben. Denn Mitgefühl und Verständnis mit unseren Unvollkommenheiten und die Selbstdisziplin, auf unserer Reise zu uns selbst unser Bestes zu geben, sind keineswegs Widersprüche – im Gegenteil: Sie sind nur die unterschiedlichen Kehrseiten der gleichen Medaille.

MEINE EIGENE GESCHICHTE DER RÜCKVERBINDUNG

In den vielen Jahren meiner Reise zu mir selbst habe ich den spirituellen Markt und all die dort zur Verfügung stehenden Werkzeuge und Methoden – mental, emotional, körperlich und energetisch – mit viel Leidenschaft und Neugierde erforscht. Alles hatte zu seiner Zeit seine Berechtigung und ich arbeitete stets mit dem, wozu ich in dem Moment bereit war, als ich es an mir selbst ausprobierte. Und dennoch: Die größten Durchbrüche begann ich zu erzielen, als ich die Reise zurück in den Körper antrat. Ich hatte mich vor dieser Reise unbewusst viele Jahre gesträubt, indem ich mich hauptsächlich mit mentalen oder energetischen Heilmethoden auseinandergesetzt hatte, die es nicht voraussetzten, dass ich mich in meinem Körper spüren konnte, und die auch nicht darauf abzielten.
Natürlich wusste ich an der Oberfläche, wie wichtig es ist, präsent im Körper zu sein. Aber ein tiefer, nachhaltiger Rückverbindungsprozess mit meinem physischen Körper fand erst statt, als ich mich bereits viele Jahre mit spirituellen Selbstheilungsmethoden auseinandergesetzt hatte. Erst da sah ich mich dazu gezwungen, weil tiefere Traumata in mir hervorbrachen und nach Heilung und Integration

riefen. Tiefere Traumata und damit verbundene Ängste, deren Integration nun eine Rückverbindung mit meinem Körper erforderten. Mit dem Beginn dieses Rückverbindungsprozesses wollten mein Spirit-Selbst und mein Körper-Selbst kein getrenntes Dasein mehr voneinander führen, sondern tief miteinander verschmelzen.
Was das Thema Bindung, Grenzen und die Wahrung der eigenen Bedürfnisse angeht, war dieser Prozess – so viel Dehnungsschmerz er mir manchmal auch bereitete – ein wahrer Segen. Je mehr ich mich weiterentwickelte, in meinen Körper kam und sich parallel dazu meine Frequenz erhöhte, desto mehr konnte ich bemerken, dass die einfachsten Dinge plötzlich die größten Effekte erzielten und ich von hochkomplexen, teilweise sehr mentalen Selbstheilungsmodalitäten immer mehr weggezogen wurde.

DAS EMOTIONAL-ENERGETISCHE TRAINING FÜR DEIN STABILES ICH

Wenn es um das Thema Beziehung geht, müssen wir unseren emotionalen Keller aufräumen. Es zählt hier nicht, wie spirituell verbunden oder energetisch feinfühlig wir sind. Es zählt nicht, wie viel wir auf intellektueller Ebene über uns selbst verstanden haben. Es zählt auch nicht, wie viel wir in Beziehungen zu geben haben. Es zählt allein, wie emotional integriert wir sind, wie sicher und solide wir uns in uns selbst fühlen und wie viel Weichheit und Mitgefühl wir uns selbst entgegenbringen können, um auch von unseren Mitmenschen Liebe für das empfangen zu können, was wir wirklich sind.
Ich kann in dieses Buch nur einen Bruchteil jener Methoden und Werkzeuge einfließen lassen, die mir selbst auf meiner Reise dienlich waren. Ich bin trotzdem der felsenfesten Überzeugung, dass dich jede einzelne Methode dabei unterstützt, dir selbst näher zu

kommen, dich von dem zu verabschieden, was du nicht bist, und mehr von deinem wahren Selbst wieder in Besitz zu nehmen. Ich habe bewusst Methoden und Werkzeuge ausgewählt, die einfach in der Anwendung sind. Es ist mir wichtig, dass du sie wirklich in deinen Alltag integrieren kannst.

Ich möchte an dieser Stelle betonen, dass in Sachen Spiritualität »komplizierter« nicht immer gleich »effektiver« ist. Je mehr Spirit und Körper wieder als Team zusammenarbeiten und miteinander das Ruder übernehmen, desto größer werden unsere inneren Selbstheilungspotenziale und desto leichter wird der Weg, zu dem wir uns hingezogen fühlen. Du wirst feststellen, dass dir die Integration dieser Methoden in deinem Alltag leichter fallen wird, wenn du beginnst, sie mit den Meditationen zu üben, die am Ende eines jeden Kapitels für dich zur Verfügung stehen. Diese Meditationen sind mit entsprechenden Heilfrequenzen hinterlegt, die dein Körperenergiesystem dabei unterstützen, sich zu entspannen, sich zu erden, sich auszudehnen und vor allem Ballast loszulassen, der dir nicht mehr länger dienlich ist. Lass dich darauf ein, einfach zu fühlen, was diese Meditationen auf körperlicher, energetischer, emotionaler und spiritueller Ebene mit dir machen. Du wirst dabei jedes Mal ein bisschen mehr spüren und wahrnehmen, weil die Meditationen deine Wahrnehmung erweitern, deine spirituellen Kanäle öffnen und dich gleichzeitig tiefer mit deiner Körperintelligenz verbinden.

Betrachte die Werkzeuge, die dich im Folgenden erwarten, nicht separat voneinander. Sie funktionieren am besten in einem stabilen, harmonischen Miteinander. Mit zunehmender Übung wirst du für dich selbst immer besser spüren können, was du davon gerade brauchst oder wie du die verschiedenen Tools so miteinander kombinieren kannst, dass sie zu einem soliden Handwerkskoffer für die sichere Meisterung deines Alltags und deiner Beziehungen werden, vor allem der wichtigsten Beziehung, nämlich der zu dir selbst. Denn: Stabile Grenzen brauchen ein stabilen Selbst! Je vollständiger

wir uns wieder in Besitz nehmen, desto mehr leben wir im Einklang mit unseren echtesten Bedürfnissen und sagen Nein zu dem, was für uns nicht stimmig oder förderlich ist.
Dieser Prozess ist wie gesagt kein linearer Prozess, auch kein Schritteprogramm, das aufeinander aufbaut. Es ist vollkommen normal, dass wir in diesem Prozess mal Fortschritte machen und mal das Gefühl haben, zu stagnieren oder sogar Rückschritte zu machen. Eines jedoch ist gewiss: Je mehr wir lernen, die Prozesse zu nehmen, wie sie kommen, anstatt gegen sie in den Widerstand zu gehen, desto besser werden wir dabei geführt und desto schneller drücken wir uns selbst durch das Nadelöhr zur nächsten Stufe unserer Entwicklung. Ich wünsche dir aufrichtig, dass diese Werkzeuge dich dabei unterstützen werden!

EMPFEHLUNGEN ZUM TRAINING

Du hast das Recht, in deinem Tempo und in deinem Rhythmus zu heilen! Gib deiner Psyche Zeit. Gib deinem Körper Zeit. Bewahre dir eine verspielte, experimentelle, mitfühlende Haltung, wenn du die Meditationen machst und in den darin codierten Frequenzen badest. Dies ist kein Selbstheilungs-Bootcamp! Es ist eine Einladung zur Selbstheilung, die du stets auf jene Art und Weise annehmen darfst, wie sie dir gerade guttut. Auch die Meditationen und Übungen werden sich für dich immer wieder neu »entfalten« und neue Potenziale in dir freilegen.
Es ist vollkommen normal, dass dir manche Meditationen und Übungen leichter fallen, während du bei anderen haderst und irgendwie nicht zu dir kommst, immer wieder abdriftest oder das Gefühl hast, dich irgendwie darin zu verlieren. Die Herausforderung wird sein: Kannst du dies einfach so annehmen, wie es ist? Kannst du die

Widerstände erlauben? Kannst du weich und sanft bleiben, wenn du das Gefühl hast, nicht so voranzukommen, wie du es dir vorstellst? Widerstände sind absolut okay. Je mehr wir lernen, ihnen Weichheit und Mitgefühl zu schenken, desto mehr öffnen sie uns Zugang zu neuen inneren Dimensionen und Potenzialen der Selbstheilung.
Noch einmal: Du musst nicht alles allein machen! Mit diesem Buch hast du die Meditationen, die Frequenzen und die Anleitungen an der Hand, um dich selbst zu halten und dir einen Raum der Selbstheilung zu schaffen. Manchmal lädt uns das Leben allerdings ein, Unterstützung und Hilfe von außen anzunehmen. Wir dürfen uns – auch wenn wir niemals die Verantwortung an andere Therapeut*innen oder Heiler*innen abgeben können – erlauben, im Außen gehalten zu werden, sodass wir lernen können, uns selbst zu halten.
Ich hatte dieses Gespräch einst mit einer Workshopteilnehmerin, die der Überzeugung war: »Dann begebe ich mich doch wieder in Abhängigkeiten. Ich will doch selbst lernen, mich zu heilen.« Sieh es einmal folgendermaßen: Jemand, der als Kind nicht die Möglichkeiten hatte, das Schwimmen zu lernen, mag als erwachsene Person also einen Schwimmkurs aufsuchen. Niemand käme hier auf die Idee, dass die Gefahr bestünde, dass die Schwimmlehrkraft ihre Schüler*innen ein Leben lang von den Schwimmflügeln abhängig macht, die sie ihnen für die ersten Schwimmversuche an die Hand gibt. Genauso sollten wir es auch im Kontext von Heilung und Therapie sehen. Wir vertrauen uns der Unterstützung, den Ressourcen, den Frequenzen einer Lehrperson an, um es für uns selbst zu integrieren und ein stabiles Fundament von Selbstheilung zu kreieren, auf dem wir uns autonom und unabhängig immer weiter in unser reines Selbst ausdehnen können.
Auf meiner Website www.seelenrave.de findest du neben dem Downloadbereich zu diesem Buch auch einen Onlinekurs »Liebe kennt deine Grenzen«, in dem du weitere Vertiefungen mit Meditationen, Übungen und Heilfrequenzen zu diesem Thema findest.

Dort findest du auch immer aktuelle (Online-)Seminare, in denen wir miteinander in Einzelarbeit und Gruppensessions tiefer gehen können.
Bleib am Ball – solange es dich trägt und immer tiefer nährt. Ziehe weiter, wenn es dich zu neuen Wegen ruft. Es gibt nie den *einen* Heiler, die *eine* Therapeutin, die *eine* Methode. Alles ist eine Sache der Frequenz. Und dein höheres Selbst weiß ganz genau, welche Impulse du dort brauchst, wo du gerade stehst. Für mich gilt in Sachen Selbstheilung die Devise: Konsequent bleiben mit dem, was mir guttut. Flexibel darin bleiben, loszulassen und weiterzuziehen. Das höhere Selbst und das Leben führen uns!

SELBSTHEILUNGSSESSION 1: DEINEN KÖRPER WIEDER IN BESITZ NEHMEN

> »Hilfe, ich spüre mich und meine Grenzen nicht!«
> Dein Körper ist der Container für deine eigene Lebensenergie und Freude. Hat dieser Container durch Trauma, Hochempathie, Aufopferung und instabile Grenzen ein Leck erlitten, verlierst du die Verbindung zu dir selbst und versinkst in den Energien und Emotionen deiner Mitmenschen.

Nur wenn wir sicher und solide in unserem Körper verankert sind, bekommen wir nachhaltig ein Gefühl davon, wie es sich anfühlt, »zu Hause« zu sein. Dieses Gefühl haben wir oft verloren, weil es bedeutet hätte, Emotionen fühlen zu müssen, die wir nicht fühlen wollten, und mit Verletzungen und Empfindungen konfrontiert zu sein, die uns überfordert hätten. So haben wir unser Zuhause verlassen und begonnen, Sicherheit und Erfüllung außerhalb unserer Selbst zu suchen – und wir haben dafür unsere Grenzen preisgegeben.

Wie jedes Zuhause eine zu verschließende Tür und sichere Wände besitzt, die eine klare Abgrenzung deines Raums definieren, so ist auch der Container deines Körpers im Ursprungszustand ein Raum, der dich und deine Grenzen klar definiert und in dem du dich nähren, erholen und auffüllen kannst. Was aber, wenn dieser Körper aufgrund von Trauma, Verletzung und Abspaltung kein sicherer Raum mehr für uns ist? Was ist, wenn wir uns nicht mehr sicher und geborgen in uns und in unserem Leben fühlen?

Das erste Tool der Rückverbindung mit uns selbst führt uns zurück in unseren Körper und die ganz natürliche Verbundenheit mit dem Energiefeld der Erde, das wir nutzen können, um uns zu stabilisieren, zu nähren, zu erfrischen und mit jener ursprünglichen Frequenz aufzufüllen, an die sich alle Zellen in uns erinnern. Wir alle entspringen nämlich dem Schoß von Mutter Erde und können in der unberührten Natur ein Musterbeispiel an Selbstregulation, Selbstheilung und gesunder Evolution im Sinne des ganzen Kosmos sehen.

In einer Zeit von »höher, schneller, weiter«, in der unsere Energie fast vollständig in den mentalen Raum verlagert wurde, ist uns diese Verbindung mit der Erde verloren gegangen. Je geerdeter wir in unserem Körper sind, desto solider werden unsere emotional-energetischen Grenzen, die sich ganz natürlich durch die Grenzen unserer Haut definieren. Je geerdeter wir sind, desto mehr wird die Zentrierung in unserem Körper zu einem Ruhepol für uns anstatt zu einem Ort von Angst, innerer Unruhe und emotionalem Drama. Je geerdeter wir sind, desto mehr können wir die Emotionen anderer Mitmenschen bei ihnen lassen. Wir spüren zwar nach wie vor, was in ihnen vorgeht, doch schaffen es immer besser, in uns und unserem Körper zu bleiben, anstatt außerhalb von uns aus den alten Impulsen heraus zu versuchen, die Emotionen unserer Mitmenschen zu reparieren.

Alltagsritual: Mit Powererdung die Energie im Leistenbereich fokussieren

Wenn wir in endlosen Gedankenschleifen gefangen sind, herrscht ein Energiestau in unserem Kopfbereich, über den unser Verstand uns immer wieder auf dieselbe Angstfährte führt.

Immer wenn ich mich in den oft angsterfüllten Welten meines mentalen Raums verliere, lenke ich den Fokus auf meinen Leistenbereich, den ich für mich als Zentrum der Erdung und Ermächtigung spüre.

Probiere es einmal aus: Anstatt dich von deinem Verstand gedanklich durch die Gegend hetzen zu lassen, halte inne, werde still und beginne langsam, durch deinen Leistenbereich zu atmen und ihn mit Energie aufzufüllen. Bleibe mit deiner Aufmerksamkeit ganz im Bereich, deiner Leisten, deines Beckens, deines Steißbeins. Stelle dir vor, spüre, fühle, wie dein ganzer Becken- und Leistenbereich von vorne nach hinten, von links nach rechts mit der Energie deiner Präsenz aufgefüllt wird. Wenn dein Kopf dich wieder nach »oben« zieht, nutze deinen Atem als Anker, um wieder zum Leistenbereich zurückzukehren und deine Energie hier immer stabiler zu zentrieren. Wenn du magst, kannst du nach einer Weile die kraft- und ruhevolle Energie aus deinem Leistenbereich in deinen ganzen Körper fließen lassen und das Gefühl einer Ganzkörpererdung genießen.

Übrigens versuche ich auch während der Arbeit vor digitalen Geräten immer wieder den Fokus zurück zum Leistenbereich zu bewegen, um einen Energiestau in meinem Kopf zu vermeiden.

Ich glaube, dass ich viele Jahre meiner spirituellen Entwicklung unbewusst danach strebte, mich noch mehr von den physischen Begrenzungen meines Körpers zu entfernen, und mein Seelenheil in einer ständigen Verbindung nach »oben« zu finden hoffte. Was das tiefere Ankommen im Körper betraf, kratzte ich an der Obefläche. Egal, ob ich Atemübungen oder Yoga machte, da war immer ein Widerstand, tiefer in den Körper zu kommen, und ein Drang, mich stattdessen nach oben in die kosmischen Sphären abzuspalten, wo es sich für mich schöner, weiter und friedvoller anfühlte als auf der Ebene des menschlichen Seins im Körper.

Dies war eine Phase meiner Entwicklung, in der augenscheinlich nicht mehr möglich war, und ich möchte hier erneut ganz bewusst betonen, dass Körperpräsenz nichts ist, was wir mit der Brechstange erzwingen können. Im Gegenteil: Es ist eine allmähliche liebevolle Rückverbindung mit unserem physischen Körper, die immer genau so tief gehen kann, wie es für unseren Körper sicher scheint. Unsere Körperintelligenz ist ein treffsicheres Navigationssystem dafür, was für unseren Körper sicher scheint und was nicht, wo emotionale Überwältigungen abgespeichert sind und die Lebensenergie frei fließen kann und wo die Energie blockiert ist und stagniert, wo Überlebensinstinkte aktiv sind, die uns im Kampf-oder-Flucht-Modus halten.

Die meisten von uns werden »unbewusst« durch diese Körperintelligenz gesteuert und gehen in einer Triggersituation, die an einem alten Trauma rührt, »offline«, weil unser Körper uns vor den damit verbundenen emotionalen Überwältigungen schützen möchte.

Wie fühlen wir uns, wenn wir nicht geerdet, sondern teilweise oder sogar ganz abgetrennt von unserem Körper sind? Folgende Symptome sind typisch:

- Wir neigen zu einem überanalytischen Verstand und versuchen mit allen Mitteln, unser Leben über den Verstand zu kontrollieren. Unsere Energie ist hauptsächlich im Kopfbereich zentriert, während sie im Körper nicht frei fließen kann, sodass wir uns hier nur wenig oder gar nicht spüren.

- Wir haben keine natürlichen Instinkte dafür, welche Ernährungsweise und damit verbundenen Lebensmittel unserem Körper guttun, und ernähren uns stattdessen aus dem »konditionierten Verstand« heraus.
- In unserer spirituellen Entwicklung investieren wir überaus viel Energie in mentale Techniken und versuchen ständig die Wurzeln für unsere Probleme ausfindig zu machen. Wir unterliegen der Illusion, dass es ausreichen würde, unsere Probleme einfach nur auf intellektueller Ebene zu verstehen, damit wir sie ebenfalls auf intellektueller Ebene lösen können. Wir sind großartig im Denken, doch wir vermeiden unbewusst das Fühlen.
- Wir neigen zu ständiger Unruhe, Angst oder sogar Depression. Subtil werden wir von einem ständigen Gefühl von innerer Leere, Verlorenheit und Unerfülltheit geplagt, das wir durch Erfüllungskonzepte im Außen zu stopfen versuchen. Wir sind ständig auf der Suche und fühlen uns doch nie erfüllt, egal, wie viele gesteckte Ziele wir auch erreichen mögen.

Und was bedeutet die Unverbundenheit mit deinem Körper in Bezug auf das Thema Grenzen?

- Weil unsere Haut naturgemäß unsere physische Grenze definiert, über die wir spüren können, wo wir selbst aufhören und wo unsere Umwelt beginnt, fehlt es uns bei einem Mangel an Körperpräsenz an einem gesunden Gefühl für unsere Grenzen. Ohne die Verbundenheit mit unserem Körper fehlt es uns an der natürlichen Ressource, Informationen und Energien »zu filtern«, die nicht dienlich und gesund für unser System sind. Somit fühlen wir uns den Energien der Emotionen unseres Umfeldes ständig ausgeliefert.
- Wenn wir nicht mit unserem Körper – dem Container für unsere eigenen Gefühle – verbunden sind, können wir nicht zwischen

unseren eigenen Emotionen und denen unserer Mitmenschen unterscheiden. Dies bringt unseren physischen Körper in den Zustand ständiger emotionaler Überwältigung, was es uns noch schwerer macht, wirklich bei uns anzukommen.

- Wenn wir nicht in unserem Körper sind, fehlt es uns an Ressourcen innerer Sicherheit und Geborgenheit. Wenn wir nicht in uns selbst angekommen sind, haben wir ständig die Sehnsucht, irgendwo im Außen anzukommen, was uns zusätzlich entgrenzt und destabilisiert.
- Wenn wir nicht im Körper sind, fehlt es uns an einem Zugang zu unseren körperlichen und emotionalen Bedürfnissen, die dann oft auf »taub« geschaltet oder so gut unterdrückt sind, dass wir sie in Beziehungen nicht mehr spüren können.
- Ist unser physischer Körper nicht mit uns selbst aufgefüllt, kann er von Emotionen und Energien anderer Menschen besetzt werden, die wir dann mit unserer eigenen Identität verwechseln.
- Wenn wir nicht in unserem Körper sind, sind wir von unseren unteren Energiezentren abgeschnitten, die für die Qualität von Erdung und Sicherheit stehen. Fließt dort keine oder nicht ausreichend Energie, fällt es uns auch auf energetischer Ebene schwer, Zugang zu diesen Ressourcen zu haben.

Wir können uns nur so angekommen, sicher, erfüllt und geborgen in uns selbst fühlen, wie wir unseren Körper in unserem Tempo und unserem Rhythmus wieder in Besitz nehmen. Je geerdeter wir in unserem Körper sind, desto mehr spüren wir die Verbundenheit mit unserer Seelenenergie, in der wir sicher innerhalb der natürlichen Grenzen unseres physischen Körpers ruhen und uns dementsprechend auch sicher und souverän in unseren Beziehungen im Außen fühlen können. Je tiefer wir in einem Zustand von Körperpräsenz ruhen, desto mehr erhalten wir ganz natürlichen Zugang zu höheren Bewusstseinsqualitäten wie inneren Frieden, innere Freude, innere

Weite und Freiheit und das Gefühl, mit der All-Einheit verbunden zu sein, ohne uns von uns selbst abtrennen oder nach höheren kosmischen Sphären streben zu müssen.
Nun stellt sich also die Frage, was uns hauptsächlich davon abhält, im Körper zu sein, und wie wir Schritt für Schritt, in unserem Tempo und in unserem Rhythmus, eine Reise zurück in unsere Körperpräsenz antreten können. Wir fühlen uns umso abgetrennter von unserem Körper,

- je mehr unbewältigtes Trauma und emotionale Überwältigung wir mit uns tragen. Es macht den Körper zu einer emotionalen und körperlichen Gefahrenzone, die wir mit allen Mitteln zu vermeiden versuchen. Wir mögen dann großartige Denker*innen sein, aber relativ schlechte Fühler*innen.
- je mehr geistigen Aktivitäten wir in unserem Alltag nachgehen, die einseitig unsere mentale Kapazität beanspruchen, ohne den notwendigen physischen, geerdeten Ausgleich zu schaffen.
- je weniger wir unseren körperlichen Bedürfnissen nach Schlaf, Ernährung, nährendem emotionalem und körperlichem Austausch folgen.
- je weniger wir uns in der Natur aufhalten.
- je weniger es uns gelingt, bewusst und achtsam zu atmen. Unser Atem ist das natürliche »Vehikel«, über das wir Spirit und Körper miteinander vereinen.
- je mehr Zeit wir vor digitalen Geräten verbringen.
- je weniger Zeit wir uns für uns selbst nehmen, sei es für unsere physische Regeneration oder für wohltuende Me-Time. Ständige Action, ständiges Performen und ständige Kommunikation trennen uns vom Spüren ab und zerstreuen unsere Energie permanent im Außen.
- je mehr wir in Sehnsüchten und Fantasien schwelgen. Körperpräsenz findet im Hier und Jetzt statt. Schwelgereien in der Vergangenheit und Fantasien über die Zukunft dagegen entreißen uns

dieser Gegenwärtigkeit und werden nicht selten zu einer beliebten Vermeidungsstrategie, um nicht fühlen zu müssen, was gegenwärtig ist, sondern uns an schönen Erinnerungen der Vergangenheit oder Fantasien über die Zukunft zu »berauschen«.

Es gibt also eine Menge Dinge in unserem Alltag, die förderlich dafür sind, mehr in unseren Körper zu kommen und uns wieder zu spüren. Für nachhaltige Durchbrüche allerdings ist die Erfahrung wichtig, dass unser Körper nicht (nur) eine Gefahrenzone für uns ist, die wir umgehen müssen, um nicht in Kontakt mit emotionalem oder auch physischem Schmerz zu kommen. Es kann sich vielmehr wohlig, geborgen, sicher und vor allem verbunden anfühlen, wenn wir in unserem Körper ruhen und auftauchenden emotionalen oder physischen Schmerz immer mehr in liebevoller Präsenz halten und integrieren.

Emotionale Überwältigung zeichnet sich dadurch aus, dass unser Körper den unverarbeiteten Schmerz in einen für uns unzugänglichen Container packt, der von einem energetischen Stacheldrahtzaun umgeben ist. Je mehr wir eine liebevolle Beziehung zu unserem Körper entwickeln und Erfahrungen machen, dass es sich schön anfühlen kann, in uns zentriert zu sein, desto mehr Kapazitäten erlangen wir, diesen Container in liebevoller Präsenz zu öffnen und den darin eingeschlossenen Schmerz nachträglich auf physischer und emotionaler Ebene zu verarbeiten, ohne davon überwältigt zu werden.

Denjenigen, die massive Probleme haben, sich und ihren Körper zu spüren, empfehle ich ausdrücklich eine körperzentrierte Traumatherapie in der durch Berührung und liebesvolles Raumhalten Schritt für Schritt Vertrauen generiert werden kann, überwältigenden Schmerz halten zu können und dort »nachgenährt« zu werden, wo es früher an entsprechender Unterstützung fehlte. Es gibt großartige Heiler*innen und Therapeut*innen, die auf Methoden spezialisiert sind, um deinen Körper zum Verbündeten zu machen und dich schrittweise wieder mit ihm und deinen Emotionen zu verbinden.

Die Arbeit mit dem Körper braucht viel Hingabe, Geduld und vor allem Weichheit und Mitgefühl mit uns selbst. Unser Körper ist nichts, was wir dominieren, kontrollieren oder unterdrücken müssen. Er ist keine Gefahrenzone. Die Bewältigungsmechanismen, die uns davor schützen sollen, mit dem in Kontakt zu kommen, was uns selbst an Überwältigung und Trauma widerfahren ist, haben allerdings ihre Berechtigung. Je erlaubender und mitfühlender wir ihnen im Kontakt mit unserem Körper begegnen, desto mehr werden sie sich »entspannen« und uns auch Zugang zu stärkenden und heilsamen Ressourcen unseres Körpersystems gewähren, die Teil unserer wahren Natur sind.

Für den Rückverbindungsprozess mit unserem Körper wollen wir uns also entschleunigen. Wir wollen zumindest versuchen, liebevoll und mitfühlend mit unserem Körper zu sein, selbst wenn er nicht so funktioniert, wie wir uns das wünschen. Wir wollen versuchen, weich zu bleiben. Und wir wollen liebevoll anerkennen, wo wir gerade stehen. Wenn unser Körper jahrelang eine Gefahrenzone für uns war, weil hier zu viel überwältigende Emotionen auf uns warteten, dann können wir nicht erwarten, von heute auf morgen wieder in den Körper zu kommen.

Lass uns nun also zum ersten Selbstheilungstool kommen, das die Grundlage für alle weiteren später beschriebenen Werkzeuge darstellt. Ich empfehle dir, stets zu diesem ersten Tool zurückzukommen und damit immer dann zu arbeiten, wenn du dich entgrenzt oder auf eine andere Weise unverbunden mit dir selbst fühlst.

HEILMEDITATION FÜR ERDUNG UND KÖRPERPRÄSENZ

Die Beziehung zu unserem Körper ist vergleichbar mit einer Partnerschaft. Wir müssen sie pflegen. Wir müssen vertrauen. Wir müssen das Gefühl haben, dass wir in unserem Tempo und unserem Rhythmus ankommen können. Wie jede Beziehung ist auch die zu unserem Körper eine wechselseitige: Je mehr Respekt, Wertschätzung und Aufmerksamkeit wir ihm schenken, desto mehr Zugang wird er uns schenken und durch unsere Körperintelligenz mit uns in Sachen Selbstheilung kooperieren.

Wie können wir unseren Körper also auf tiefster Zellebene nähren und ihm liebevolle Präsenz schenken, ohne ihn und uns zu überfordern? Wie gewinnen wir Ressourcen innerer Sicherheit zurück, die wir durch Trauma und Entgrenzung verloren haben?

Der Schlüssel hierfür liegt darin, dass wir unseren Körper an seinen »energetischen Ursprung« erinnern: Wir alle sind Kinder der Erde, unser physischer Körper, unser Inneres und die Struktur jeder einzelnen Zelle. All das ist kreiert aus diesem Ozean unerschöpflicher Lebensenergie, über die wir auf tiefster Ebene alle miteinander verbunden sind. Je mehr wir diese Lebensenergie verkörpern, je geerdeter wir in unserem Körper sind, desto mehr resonieren wir in dieser Ursprungseinstellung von Fülle, Sicherheit und Vertrauen, dass uns das Leben trägt und versorgt. Die Erde ist dann ein vertrauenswürdiger Ort für uns, auf dem wir Erfahrungen machen können, ohne daran zu zersplittern.

In dieser Heilmeditation wollen wir unseren Körper tief mit dem Resonanzfeld der Erde verbinden und ihn daran erinnern, dass wir auf tiefster energetischer Ebene jederzeit getragen, unterstützt und genährt werden. Wir wollen ihn an seinen Ursprung erinnern und daran, dass er sich jederzeit mit den energetischen Ressourcen dieser Quelle verbinden kann, um zu heilen, sich zu regenerieren und versteckte Ressourcen von Sicherheit und Geborgenheit zu reaktivieren. Vorab noch einige Tipps und Empfehlungen zum Umgang mit dieser Heilmeditation:

- Es wäre sehr überraschend, wenn es dir die ganze Heilmeditation über gelingen würde, fokussiert und präsent zu bleiben. Wenn du abdriftest, verurteile dich nicht, sondern freue dich darüber, dass du hier wahrscheinlich einen Ort in deinem Körper ausfindig gemacht hast, den dein System als Gefahrenzone deklariert. Bleibe neugierig!
- Auch wenn du deinen Fokus nicht aufrechterhalten kannst, werden dich die Meditation und die darauf codierten Frequenzen der Erde auf energetischer Ebene entspannen und dein System dabei unterstützen, sich zu regulieren. Genieße einfach das heilsame Frequenzbad.
- Wenn gewisse Körperstellen sich taub anfühlen oder du überwältigenden Schmerz spürst, dann versuche hier besonders weich und erlaubend hinzufühlen, soweit es sich für dich sicher und stimmig anfühlt. Die Devise lautet: Wir arbeiten immer mit, nie gegen unsere Körperintelligenz.
- Kehre immer wieder zu dieser Meditation zurück, wenn du das Gefühl hast, nicht geerdet oder verbunden mit deinem Körper zu sein.
- Dein Körper wird das Resonanzfeld der Erde, über das wir uns in dieser Meditation verbinden, irgendwann selbst auch im Alltag abrufen können.

Du findest die Meditation »Erdung und Körperpräsenz« im Downloadbereich (s. Seite 11).

SELBSTHEILUNGSSESSION 2: DEINE EMOTIONEN FÜHLEN LERNEN

»Hilfe, ich verliere mich in meinen Beziehungen!«
Alles, was wir durch die Brille des Widerstandes betrachten, beginnt sich zu verschließen. Alles, was wir energetisch mit Akzeptanz, Erlaubnis und Weichheit berühren, beginnt sich zu öffnen.

Die Härte und Selbstverurteilung, die ich mir früher entgegengebracht habe, drückte sich auch über meinen Körper aus. Ich war ständig angespannt, fühlte mich innerlich unruhig und nervös. Ich denke, dass ich viele Jahre meines spirituellen Weges damit verbracht habe, vermeintlich schlechte Emotionen und Körperempfindungen ausradieren zu wollen, anstatt ihnen mit jener Weichheit, Akzeptanz und Erlaubnis zu begegnen, die mein System gebraucht hätte, um nachhaltig zu heilen.
Was das Thema Erlaubnis und Akzeptanz anbelangt, sind wir unglücklicherweise in großen Missverständnissen gefangen. Wenn im spirituellen Kontext davon gesprochen wird, dass wir unsere Emotionen annehmen sollten, wie sie eben sind, entsteht in uns ein Widerstand, der uns suggeriert: *Na toll, dann bleibt das ja immer so, wie es war, und nichts kann sich ändern.* Entweder weigern wir uns dann, vollständig in die Erlaubnis zu gehen, oder wir reden uns ein, wir müssten erlaubend und annehmend mit etwas sein, das wir eigentlich ablehnen. Beides stärkt in uns nur wieder innere Widerstände oder führt zu einer Abspaltung von dem, was wir emotional wirklich gerade erfahren.
Lass uns hier also ein bisschen tiefer gehen: Erlaubnis und Akzeptanz zu fühlen, bedeutet keineswegs, in Passivität oder falscher Demut zu verweilen. Es bedeutet, Energie dort wieder ins Fließen zu bringen, wo sie zuvor in Ablehnung und Widerstand erstarrt war. Und wenn sich Energie in unserem Körper bewegen kann, manifes-

tiert sich die Bewegung und Veränderung in den für uns unkomfortablen Triggersituationen auch im Außen.
In anderen Worten: Je mehr Weichheit, Entspannung und Loslassen in unserem System entsteht, desto mehr Flow entsteht als ganz natürliches Nebenprodukt in den für uns belastenden Umständen im Außen. Wo innere Widerstände dahinschmelzen, beginnen wir, empfänglich zu werden für »höhere Lösungen«, und werden intuitiv zu Menschen und in Situationen geführt, in denen sich unsere Probleme, gegen die wir im Alltag ständig ankämpfen, wie von selbst lösen.
Innerer Flow bedeutet äußerer Flow. Und innerer Flow kann nur dann entstehen, wenn auch schwere, belastende Emotionen widerstandsfrei durch uns durchfließen können. Mit unseren Emotionen in Weichheit und Erlaubnis verbunden zu sein, steigert nachhaltig auf psychologischer Ebene unsere Selbstliebe und das Mitgefühl mit uns selbst, beruhigt unser Nervensystem und schafft einen nachhaltigen Anker der Körperpräsenz, weil wir mit dem Fokus in uns und unserem emotionalen Empfinden sind, anstatt uns durch schädliche Gedankenschleifen aus uns selbst herausziehen zu lassen. Wir lernen, unsere »zersplitterten« Emotionen wieder vollständig in Besitz zu nehmen, und emotionale Abspaltung durch liebevolle Rückverbindung zu heilen.
In Beziehungen ist es ähnlich. Wir interpretieren das Verhalten unseres Gegenübers ständig durch den Filter unserer oft unbewussten Verletzungen und Traumata der Vergangenheit, was eine Menge schmerzhafter Emotionen in uns triggert. Sind wir nicht in der Lage, diese Emotionen im Körper zu fühlen und durch die Präsenz eine gesunde Distanz dazu zu entwickeln, werden wir praktisch zu diesen Emotionen und halten sie für Tatsachen. Anstatt uns also unerwünscht zu *fühlen*, glauben wir, unser Unerwünschtsein sei eine Tatsache. Anstatt uns bindungsängstlich zu *fühlen*, glauben wir, der vermeintliche Freiheitsverlust sei eine Tatsache.

Anstatt uns eifersüchtig zu *fühlen*, glauben wir, unsere Minderwertigkeit sei eine Tatsache.

Wir mögen diese Emotionen verdrängen, deckeln oder unterdrücken, trotzdem bestimmen sie unbewusst oder bewusst unser Grundgefühl in Beziehungen. Wir betrachten den Partner oder die Partnerin als die Ursache davon, dass wir vermeintlich unerwünscht sind, unsere Freiheit verlieren oder von Eifersucht geplagt werden und damit nicht gut genug sind. Unsere Emotionen werden also zu unserer Beziehungsidentität, die wir mit unserem wahren Selbst verwechseln.

Viele Menschen behaupten von sich, dass sie ständig von ihren Emotionen überfordert wären und nicht damit klarkämen, so viel zu fühlen. Andere Menschen wiederum leugnen die Existenz ihrer negativen Emotionen und verwechseln emotionale Taubheit mit Erleuchtung. Ich denke: Egal, ob wir in unseren Emotionen »ertrinken« oder sie einfach gar nicht spüren – beides ist in letzter Konsequenz eine Folge davon, dass wir nicht in der Lage sind, die Emotionen körperpräsent zu fühlen, und ein Symptom davon, dass wir von unseren Emotionen abgetrennt sind.

Es ist ein riesengroßer Unterschied, ob du deine Emotionen »denkst« oder sie wirklich fühlst, und sehr oft neigen wir dazu, beides miteinander zu verwechseln. Folgende Symptome sind typisch dafür, dass wir unsere Emotionen denken, anstatt sie zu fühlen:

- Denken wir eine Emotion in unserem Kopf, anstatt sie körperlich zu fühlen, bleibt die Identifikation damit erhalten, das heißt, wir glauben, in diesem Moment diese Emotion zu sein, und schenken ihr eine absolute Wahrheit.
- Wir analysieren und bewerten ständig die Situation, die uns emotional triggert, und versuchen zwanghaft, eine Lösung zu finden, diese Situation zu regeln und zu ordnen. Die Frage, die uns fortwährend umtreibt, lautet: *Wie kann ich diese Situation so fixen, dass ich die negativen Gefühle dazu nicht mehr fühlen muss?*

- Wir sind stets unruhig, nervös oder erschöpft, weil wir so viel Kraft aufbringen müssen, um unsere Gefühle zu unterdrücken und zu kontrollieren.
- Wir agieren unsere Emotionen ständig unkontrolliert aus, weil wir die Energie, die darin gebunden ist, nicht managen können, und sie deswegen ständig unser Denken und Handeln steuert.
- Wenn wir mit anderen Menschen zusammen sind, fühlen wir die Emotionen dieser Menschen intensiver als unsere eigenen.
- Wir verurteilen und kritisieren uns ununterbrochen für negative Emotionen und haben den Glaubenssatz, dass negative Emotionen bedeuten, dass wir spirituell, moralisch oder religiös falsch und unkorrekt seien.
- Wir sind gefangen in destruktiven Gedankenspiralen, die zu Zwangsgedanken ausarten können. Wir werden süchtig danach, den emotionalen Trigger zu »zergrübeln«, und fühlen uns unzentriert und unverbunden.

Alles dies sind Zeichen, dass unsere Emotionen eben nicht integriert und nicht in Besitz genommen sind, sondern dass ihre zersplitterte Energie uns ständig mental steuert und programmiert. Wir glauben, das zu sein, was eigentlich nur eine Emotion ist. Und lassen unser Verhalten, unsere Entscheidungen, ja unsere ganze Sicht auf uns selbst und diese Welt vollkommen von diesen Emotionen bestimmen.

Wenn Emotionen dagegen gefühlt werden und ihre Energie in liebevoller Körperpräsenz entspannt und neutralisiert wird, kommen wir wieder in Kontakt mit der reinen, friedvollen Essenz in uns, aus der heraus wir tatsächlich bewusste, achtsame und stimmige Entscheidungen treffen können. Jede ungefühlte Emotion entgrenzt uns und führt zu einer Art Selbstverlust – jede gefühlte integrierte Emotion zentriert uns und bringt uns die Lebensenergie zurück, die in ihr gebunden war. Hinzu kommt: Zuerst erfolgt die Veränderung auf energetischer Ebene in uns selbst. Dann reagieren auch andere Menschen als »Spiegel« unserer eigenen inneren Transformation ganz natürlich auf diese Veränderung. Was sich energetisch in uns verändert, manifestiert sich also zwangsläufig auch als Veränderung in unserem Leben.

Tatsächlich ist es nicht notwendig, sondern teilweise sogar kontraproduktiv, wenn wir zwanghaft versuchen, in unserem Körper zu bleiben, eine Emotion zu fühlen, ihr nachzuspüren und ihre ganze Intensität durch so intensive Körperpräsenz wie möglich zu entladen. Wir mögen dann zwar auf Biegen und Brechen fühlen, doch setzen wir unser System damit in der Regel noch mehr unter Stress und erschöpfen uns selbst am Fühlen unserer Emotionen. Wie können wir mehr Leichtigkeit in das Fühlen unserer Emotionen bringen? Wie können wir die Emotionen am kraftvollsten, am effizientesten und, ja, auch am liebevollsten in unserem Körper zum Fließen bringen?

Je mehr wir versuchen, unsere Emotionen zu kontrollieren, desto schwerer tun wir uns damit, sie zu fühlen. Für mich als klassischen Kontrollfreak war es eine unglaubliche Bereicherung, auf meinem spirituellen Weg hier einen Paradigmenwechsel vorzunehmen und mich mit der transformierenden Kraft von Erlaubnis und Akzeptanz auseinanderzusetzen. Ich begann zu üben, negative Emotionen und Aspekte in mir konsequent mit einem sanften Energiefokus von Erlaubnis und Akzeptanz zu berühren, anstatt an ihnen herumzudoktern oder sie zu analysieren, und stellte fest: Nichts stellt den emotionalen Flow in uns so kraftvoll wieder her wie die Energie von Erlaubnis und Akzeptanz. Unser Verstand, unser Körper, unser gesamtes Nervensystem entspannen sich, wenn alles einfach für den Moment genau so sein darf, wie es gerade ist, und wir sämtliche Widerstände loslassen. Wir »schwingen« im Einklang mit dem, was ist, und resonieren dabei automatisch im Flow und in höheren Lösungen in Bezug auf unsere Probleme. Wie kannst du dies also in deinem Alltag umsetzen?

Alltagsritual: Die Energie von Erlaubnis und Akzeptanz in deinen Alltag integrieren

Akzeptiere und erlaube die Emotionen, die du fühlst. Verlagere den Fokus dabei immer wieder weich und sanft auf deinen Körper (s. Seite 131). Jede Emotion, die du mit Erlaubnis und Akzeptanz berührst, beginnt zu fließen. Du fühlst dich dabei immer entspannter, mehr bei dir und emotional befreiter. Akzeptiere und erlaube, wie du auf Dinge reagierst, die um dich herum passieren – in deinen Beziehungen genauso wie in der Politik und Gesellschaft. Nutze diese Weichheit dann, um auch allen anderen Menschen um dich herum zu erlauben, so zu sein, wie sie gerade sind. Die Reihenfolge ist hier wichtig. Fange bei dir an. Erst dann verlagere den Fokus auf andere. Vorsicht: Nutze das nicht als spiritual bypassing, um Ausreden zu finden, nicht für dich einstehen zu müssen oder keine Grenzen zu setzen. Nutze es als Tool, um in Beziehungen wieder Flow herzustellen, wo durch unterdrückte Emotionen Antiflow entstanden ist. In Verbundenheit und Weichheit mit dir selbst und einer entspannteren Haltung deinen Mitmenschen gegenüber lässt es sich leichter für dich einstehen. Akzeptiere und erlaube dir selbst, Fehler zu machen, unperfekt, unvollständig und vollkommen menschlich zu sein. Erlaube und akzeptiere, dass du manche Dinge nicht hinkriegst, und bemerke, wie dieses konsequente Weichsein gleichzeitig deine Kapazitäten erhöht, im Außen zu handeln, wenn es drauf ankommt.

Erlaubnis und Akzeptanz führen zu Annahme. Und Annahme führt zu Heilung! Alles, was wir mit Akzeptanz und Erlaubnis berühren, beginnt sich zu öffnen und zu fließen.

HÄUFIG GESTELLTE FRAGEN ZU EMOTIONEN

Es gibt Fragen zum Thema Emotionen, die mir immer wieder auf Seminaren begegnen. Daher habe ich sie hier einmal für dich zusammengefasst. Die folgenden Antworten entspringen meiner gefühlten Wahrheit und wie sie sich auf meinem eigenen Prozess für mich entfaltet hat. Nimm hier mit, was für dich resoniert, und lasse bei mir, was für dich nicht stimmig ist.

Was ist der Unterschied zwischen Emotionen und Gefühlen?
In meiner selbstheilerischen Praxis spielt dies für mich keine Rolle. Egal, ob ich es als Emotion oder als Gefühl bezeichne, beides ist Energie, die bewegt werden will. Rein intuitiv würde ich Emotionen als schnelllebiger, reaktiver und unmittelbarer bezeichnen als Gefühle. Wenn sich unser Zellgedächtnis an Verletzungen der Vergangenheit erinnert, dann löst das oft heftige Emotionen in uns aus. Und das gibt mir ein grundsätzliches Gefühl von Angst und Unsicherheit. Es gibt in der psychologischen Forschung viele hilfreiche Ansätze zu diesem Thema, wenn du dich dafür interessierst. Ich persönlich mache hierbei aber keinen Unterschied, wenn ich darüber referiere oder Übungen anleite.

Ich fühle nichts. Was kann ich tun?
Erst einmal ruhig durchatmen und dir erlauben, dass du stehst, wo du stehst. Zu deiner Beruhigung: Ich war früher ein absoluter Kopfmensch und schwebte energetisch gefühlt zwanzig Meter über dem

Boden, war also nicht geerdet und auch nicht wirklich »verkörpert«. Meine Reise in den Körper war ein langer, aber im Nachhinein betrachtet absolut stimmiger Weg, der mich immer genau so viel spüren und fühlen ließ, wozu ich gerade bereit war. Ein traumasensitiver Weg zeichnet sich eben dadurch aus, dass wir nicht versuchen, unseren Körper entgegen aller inneren Widerstände zu »stürmen«, sondern dass wir ihm und uns die Zeit geben, eine sanfte, vertrauensvolle Verbindung aufzubauen. Alles, was ich dir in diesem Buch mitgebe, hilft dir nachhaltig dabei, in deinem Tempo und deinem Rhythmus wieder in den Körper zurückzukommen und dementsprechend auch deine Gefühle wieder wahrnehmen und fühlen zu können. Wenn du den inneren Ruf verspürst, empfehle ich dir auch eine körperzentrierte Traumatherapie.

Woher weiß ich, ob es meine eigenen Emotionen oder die meiner Mitmenschen sind?
Damit werden wir uns noch ausführlicher beschäftigen. Doch eines vorweg: Es ist für viele hochempathische Menschen äußerst typisch, dass sie andere Menschen spüren können, sich selbst aber überhaupt nicht. Es lohnt sich also, den Mechanismus dahinter zu erforschen. Zwei Fragen können dir dabei helfen: Warum ist es für mein System sicher, andere zu spüren, mich selbst aber nicht? Wenn ich Emotionen von anderen Menschen absorbiere, welcher Anteil in mir bedient diesen Mechanismus und welche Emotionen liegen dahinter? In letzter Konsequenz geht es darum zu lernen, Emotionen anderer Menschen zu separieren und im Anschluss jene Anteile und Emotionen *in dir* ausfindig zu machen, die an den Emotionen anderer Menschen festhalten.

Kann ich meinen Emotionen vertrauen?
Je mehr Trauma und chronischer Stress in unseren Zellen stecken, desto intensiver und stärker sind die emotionalen Filter, durch die

wir unsere Realität sehen. Dann sehen wir die Welt quasi durch die emotionale Wahrnehmung eines kleinen Kindes und sollten hier klar erkennen, dass unsere Emotionen in diesem Falle nicht der Gradmesser für gesunde Entscheidungen sein können. Je mehr von altem unverarbeitetem Ballast wir in uns transformieren, desto klarer werden unsere Emotionen, was heißt: Wenn ich Angst habe, könnte das tatsächlich bedeuten, dass Vorsicht angebracht ist. Wenn ich mich schuldig fühle, könnte das bedeuten, dass es angebracht sein könnte, dass ich mich entschuldige. Wenn ich wütend bin, könnte das tatsächlich bedeuten, dass ich hier eine klare, offensichtliche Grenze ziehen darf. Doch auch wenn unser emotionaler Kompass durch die Heilung unserer alten Verletzungen klarer und treffsicherer wird, sollten wir unsere Emotionen weiterhin fühlen und mit ihnen präsent werden, um uns nicht von ihnen aus unserer inneren Mitte reißen zu lassen.
Vor allem in ungesunden Beziehungen, die ich weiter oben mit dem Begriff Traumabeziehung zusammengefasst habe, können Emotionen äußerst trügerisch sein und sollten keineswegs als guter Ratgeber für Entscheidungen in deinen Beziehungen gesehen werden. Wenn verletzte innere Kinder in dir große Sehnsucht nach einem Ex-Partner oder einer Ex-Partnerin verspüren, muss das nicht heißen, dass du diesen Menschen noch immer liebst oder dass die Beziehung jetzt auf einmal stimmig und gesund für dich sei. Es bedeutet in diesem Fall einfach nur, dass ein alter Anteil getriggert wurde und deine Wahrnehmung nun emotional vernebelt ist. Die einfachste Art und Weise, Klarheit in emotional herausfordernden Situationen zu gewinnen, ist, den emotionalen Prozess, der damit einhergeht, zu durchschreiten und währenddessen keine Entscheidungen zu treffen, sondern abzuwarten, bis du dich in dem ganz natürlich eintretenden Zustand von Klarheit neu ausrichten kannst.

Ich fühle meine Emotionen, aber sie gehen trotzdem nicht weg. Was kann ich tun?
Der Leidensdruck, den altes Trauma in uns auslöst, zeichnet sich dadurch aus, dass wir uns nichts sehnlicher wünschen, als die damit verbundenen Emotionen endlich wegzuhaben. Lass uns hiermit erst einmal in die Erlaubnis gehen. Es ist absolut menschlich, dass wir gewisse Emotionen unbedingt weghaben wollen und wir sie am liebsten verfluchen würden. Je mehr wir das Gefühl, eine Emotion nicht aushalten zu können, liebevoll erlauben und akzeptieren, desto mehr kommen wir wieder zurück in eine weiche Präsenz und können das, was wir fühlen – auch zum tausendsten Mal –, noch einmal liebevoll erlauben und akzeptieren. Einfach weil es sich gut anfühlt, weich damit zu sein. Grundsätzlich gilt: Je tiefer eine emotionale Wunde sitzt und je komplexer die Bewältigungsstrategien unseres Systems hierzu sind, desto mehr Geduld, Hingabe, Weichheit und Demut braucht es für uns in Bezug auf die damit verbundenen Emotionen. Noch einmal zur Erinnerung: Du darfst dir hier jederzeit Unterstützung suchen.

IN SECHS SCHRITTEN ZUM FÜHLEN DEINER GEFÜHLE

Sind wir emotional getriggert, äußert sich das in der Regel dadurch, dass wir beginnen, uns Geschichten um diesen Trigger herum zu erzählen. Wir rutschen in eine negative Gedankenspirale und kauen quasi mental an besagtem Trigger herum, anstatt ihn körperlich anzunehmen. Folgende Schritte helfen dir dabei, ins Fühlen zu kommen.

1. **Beruhige deinen Verstand.** Findest du dich in einer negativen Gedankenspirale wieder, halte kurz inne und geh mit deinem Ver-

stand in eine Art Selbstgespräch. Damit gehst du einen Schritt in Richtung eines neutralen Beobachterbewusstseins und gewinnst Präsenz zurück. So ein Selbstgespräch könnte wie folgt lauten: »Danke, dass du so effizient bist und all diese Gedanken für mich wiederholst. Danke, dass du mich an all meine negativen Glaubenssätze erinnerst. Aber wir wollen jetzt etwas anderes probieren und die Energie darauf fokussieren, in den Körper zu kommen. Ich würde mich freuen, wenn du mir dabei hilfst!«

2. **Nimm Kontakt mit deinem Körper auf.** Es geht darum, vom Kopf in den Körper zu kommen. Auch hierbei können dir Fragen helfen, um innezuhalten und präsent zu werden. Frage deinen Körper: »Lieber Körper, wo hältst du an den Emotionen zu den Gedanken fest, die ich gerade fühle? Welche Körperstellen wollen jetzt meine Aufmerksamkeit und Präsenz?« Oder auch: »Wie fühlen sich die Gedanken in meinem Körper an, die ich gerade denke?« Deine Körperintelligenz lügt nicht. Fühle nun genau hin, wo dein Körper als Reaktion auf diese Frage durch Druck, Schmerz, Ziehen, Hitze, Brennen, Stechen oder eine andere Form von leichtem körperlichem Schmerz auf sich aufmerksam macht.
3. **Erlaube und akzeptiere die Art und Weise, wie dein Körper auf diese Emotion reagiert. Benenne die Emotion, wenn es sich für dich richtig anfühlt.** Lass jedoch den Druck, sie benennen zu müssen, los, wenn es dir schwerfällt, die körperliche Empfindung als bestimmte Emotion zu deklarieren. Die meisten Menschen scheitern an ihrer eigenen Gefühlsschule daran, dass sie glauben, sie müssten immer wissen, welche Emotion sie gerade fühlen und was sie im Verstand stecken bleiben lässt. Meistens besteht ein emotionaler Trigger in uns aus mehreren Emotionsschichten und es ist absolut okay, nicht zu wissen, ob du jetzt Angst, Schuldgefühle und Wut oder einerseits eine Angst und andererseits eine Wut fühlst. Lass dich nicht von dem dir selbst auferlegten Druck, ein Gefühl konkret benennen zu müs-

sen, davon abhalten, in den Körper zu kommen. Fokussiere dich ganz weich und federleicht auf die körperliche Empfindung und schenke ihr eine erlaubende und vor allem fühlende Präsenz. Damit meine ich, dass du wirklich fühlst, was du fühlst, anstatt es nur von außen zu beobachten. Auch hier hilft es, dich beim Erlauben und Akzeptieren der Emotion selbst zu beruhigen. Dies könnte zum Beispiel so aussehen: »Da ist dieses Brennen in meinem Körper und ich glaube, es ist ein Schuldgefühl. Ich erlaube meinem Körper jetzt, genau so zu reagieren, wie er reagiert. Ich erlaube diesem Brennen jetzt, da zu sein. Und ich erlaube dieser Schuld, ebenfalls da zu sein. Es ist vollkommen menschlich und vollkommen okay, sich so zu fühlen.«

4. **Bitte dein System, die Emotion für dich so zu dosieren, dass du sie in deinem Tempo und deinem Rhythmus fühlen kannst, falls du sie als emotional zu überwältigend empfindest.** Emotionale Trigger rufen traumatische Reaktionen in unserem Körpersystem hervor. Bekommen wir oftmals keinen richtigen Zugang zu den damit verbundenen Emotionen, driften wir in Gedanken weiter ab oder landen immer wieder in der Dissoziation. Wenn wir also das Gefühl haben – auch unabhängig vom traumasensitiven Fühlen –, dass unser System uns nicht so richtig »ranlässt«, können wir es einfach bitten, die Emotion für uns zu dosieren, damit wir sie sicher und geerdet in Portionen fühlen und prozessieren können. Je liebevoller und weicher wir mit unserer Körperintelligenz werden, desto mehr wird sie zu einem wertvollen Verbündeten für uns.
5. **Sei achtsam und liebevoll mit inneren Widerständen.** Zeigen sich Widerstände, wenn du dieses Gefühl nun erlaubst? Verhärtet dein Körper noch mehr? Vielleicht erzählt dir dein Verstand: »Oh nein, ich darf das nicht erlauben, weil ich dann ein schlechter Mensch bin.« Oder: »Ich halte das Gefühl nicht aus. Ich kann es nicht erlauben.« Wie gehen wir mit diesen inneren Widerständen um? Richtig: Wir erlauben und akzeptieren sie, indem wir

sagen: »Es ist vollkommen okay, im Widerstand gegen dieses Gefühl zu sein. Ich erlaube diesem Gefühl jetzt, da zu sein.« Du wirst staunen, wie viel leichter es dir fällt, innere Widerstände loszulassen, wenn du versuchst, sie liebevoll anzunehmen, anstatt sie mit Willenskraft zu durchbrechen.

6. **Versuche so weich und mitfühlend mit dir selbst zu sein und so viel Druck und Perfektionsstreben wie möglich loszulassen.** Ein Gefühl muss nicht sofort weggehen. Es geht hier nicht darum, dass du dieses Gefühl nie wieder fühlen musst. Es geht hier darum, zu üben, einen Anker der Präsenz auszuwerfen, der dich selbst im Umgang mit deinen Emotionen entspannt und der dadurch auch dein Nervensystem unmittelbar beruhigt. Je mehr Weichheit und Sanftheit in unserem Körperenergiesystem einkehren, desto leichter fällt es uns, die Energie in selbst schweren, belastenden Emotionen immer schneller ins Fließen zu bringen und die Identifikation mit diesen Gefühlen loszulassen. Wir kommen immer schneller wieder in unsere Präsenz und fühlen das Zentrum unseres emotional unberührbaren Seins selbst dann, wenn emotionale Stürme in uns aufziehen.

TIPPS FÜR TRAUMASENSITIVES FÜHLEN

Trauma zeichnet sich dadurch aus, dass eine getriggerte Emotion zu überwältigend für unser System und deswegen eingekapselt und fragmentiert werden musste. Wie können wir diesen Schutzmechanismus also auf sanfte Weise lösen und unserem System signalisieren, dass wir jetzt bereit sind, die dahinterliegende Emotion zu lösen? Und woher wissen wir, dass wir uns hierbei vielleicht nicht zu viel vornehmen? Ich habe gelernt, genau zu erkennen, wenn eine Emotion für mich zu heftig ist und deswegen nicht ohne Weiteres gefühlt werden kann. Typische Symptome davon sind, dass mich mein System ständig aus dem Körper »rausschmeißt« und ich anstatt im Körper immer wieder in der negativen Gedankenspirale meines Kopfes lande, ich einfach nicht präsent bleiben kann und mich das versuchte Fühlen der Emotion nachhaltig mehr stresst als »erleichtert«. Für solche Situationen möchte ich dir ein paar einfache Tipps mit an die Hand geben:

- Wenn dein Körper dich im Stress oder Traumamodus mit Emotionen überflutet, versuche zunächst, auf sanfte Weise in den Körper zu kommen, anstatt dich in die Flut deiner Emotionen zu stürzen. Hierzu eignen sich die Heilmeditation für Erdung und Körperpräsenz (s. Seite 120) oder sanfte und leichte Atemübungen, etwa das Ein- und Ausatmen mit Zählen oder mit einem Mantra zu verbinden.
- Auch körperliche Bewegung kann dich erst einmal dabei unterstützen, intensive emotionale Energie in deinem Körper zu entladen, um dich dann auf sanfte Weise dem Fühlen deiner Emotionen zu widmen.
- Wenn du hierbei das Gefühl hast, dass es dir sehr schwerfällt, in den Körper zu kommen, du immer wieder in Gedanken abdriftest und die Emotionen zu überwältigend für dich sind, dass du sie auf geerdete Weise (nicht mit der Brechstange) fühlen kannst, möchte ich dir empfehlen, dass du dein System bittest, die betroffene Emotion für dich »runterzudosieren«, damit sie für dich auf sichere Art und Weise fühlbar ist. Ich habe damit großartige Erfahrungen gemacht. Wo uns das Hineinspringen in die emotionalen Fluten oftmals überwältigt und wir dadurch in der Emotion verloren gehen, ohne sie achtsam und präsent durchfühlen zu können, fangen wir mit einer kleinen Pfütze an und werden feststellen, dass unser Körper dadurch schneller in der Lage ist, intensive Emotionen in seinem Rhythmus und seinem Tempo zu prozessieren. Je mehr wir uns auf liebevolle Weise auf unsere Kör-

perintelligenz einlassen, desto mehr können wir sie durch unseren energetischen Fokus zu unserem Verbündeten machen.

- Prinzipiell gilt: Alles, was die Energie vom Kopf in den Körper hinunterverlagert, ist uns ein dienliches Hilfsmittel dabei, unsere Emotionen auf sichere, geerdete Weise zu fühlen, ohne darin zu ertrinken. Egal, ob Yoga, Sport, Erdungsübungen, Atem oder körperliche Berührung, lass dich von deiner Körperintelligenz führen.
- Du musst nicht alles allein machen! Wenn du noch große Schwierigkeiten hast, in deinen Körper zu kommen, empfehle ich dir eine körperzentrierte Traumatherapie bei einem Menschen, der dir das Gefühl gibt, dass du mit all dem, was sich in dir emotional zeigen will, willkommen bist. Es tut manchmal unglaublich gut, den Raum gehalten zu bekommen, und du wirst feststellen, dass dies etwas auf einer tieferen Ebene in dir »nachnährt«, wo in deiner Kindheit vielleicht die Ressourcen gefehlt haben.

HEILMEDITATION FÜR AKZEPTANZ UND ERLAUBNIS

Wie transformieren wir auf leichteste Weise unsere Beziehungen? Ja, es ist wichtig, achtsam miteinander zu kommunizieren und achtsames, respektvolles Verhalten füreinander an den Tag zu legen. Aber kann dies wirklich nachhaltig funktionieren, wenn wir dabei unsere Emotionen unterdrücken und uns noch mehr von uns abspalten und damit entgrenzen? Oder könnte der Schlüssel von Transformation in Beziehungen nicht darin liegen, dass die Beteiligten wirklich in die emotionale Verantwortung gehen und sich selbstständig – wenn auch in gegenseitigem Austausch – durch ihre eigenen emotionalen Triggersituationen navigieren? Wo in uns emotionale Transformation und Rückverbindung geschieht, verändert sich unsere Kommunikations- und Verhaltensebene ganz automatisch. Wir können dann auf einem integrierten Fundament mit unseren Mitmenschen neue Stufen emotionaler Echtheit und Authentizität erreichen, weil Emotionen uns nicht mehr unbewusst steuern, sondern bewusst ins Licht der Integration gehen dürfen. Was in uns integriert wird, generiert gesunde Grenzen und hilft uns zu definieren, wer wir sind und was wir wollen. Sind das nicht wundervolle Voraussetzungen für eine wirklich nachhaltige Transformation von Beziehungen und die Rückgewinnung unserer Grenzen? Lass uns also gemeinsam trainieren, unsere Emotionen wieder in Besitz zu nehmen, um noch mehr vom zersplitterten zum integrierten Selbst zu werden. Vorab noch einige Tipps und Empfehlungen zum Umgang mit dieser Heilmeditation:

- Du kannst gleichzeitig mit der Bewusstseinsskala für Beziehungen (s. Seite 37) und mit dieser Heilmeditation arbeiten und üben, deine aktuellen emotionalen Zustände immer wieder mit Akzeptanz und Erlaubnis zu berühren, um die darin gebundene Energie zurück in den Fluss zu bringen.
- Manchmal sind wir emotional so überwältigt, dass es uns sehr schwerfällt, präsent zu bleiben oder den Fokus zu halten. Du kannst diese Meditation dann trotzdem zur Entspannung und Regeneration nutzen, weil die Heilfrequenzen dich auf energetischer Ebene erden und beruhigen.
- Diese Heilmeditation hilft dir maßgeblich dabei, Erlaubnis und Akzeptanz zu trainieren, aber die Umsetzung im Alltag liegt bei dir. Akzeptanz und Erlaubnis zu etablieren, ist ein Fulltime-Job, den wir immer leichter und besser beherrschen, je mehr wir uns darauf einlassen und üben. Es fühlt sich außerdem wirklich gut an, negative Emotionen mit Erlaubnis und Akzeptanz zu berühren, sodass es zu einer ganz natürlichen Gewohnheit für dich wird.

Du findest die Meditation »Deine Emotionen mit Akzeptanz und Erlaubnis berühren« im Downloadbereich (s. Seite 11).

SELBSTHEILUNGSSESSION 3: DEINE IDENTITÄT ZURÜCKHOLEN

»Hilfe, ich fühle ständig die Emotionen meiner Mitmenschen!« Wenn wir emotionale Lasten von unseren Mitmenschen übernehmen, sagt das mehr über uns aus als über unsere Mitmenschen.

Emotionen sind ansteckend! Je nach Grad der Feinfühligkeit können wir mehr oder weniger spüren, wie sich die emotionale Stimmung unserer Umgebung teilweise drastisch auf unsere eigene Stimmung auswirken kann. Es ist manchmal nahezu erschreckend, welch schnellen Stimmungsschwankungen wir unterliegen können, wenn wir emotional von anderen konditioniert werden. Und auch wenn wir rational alle verstanden haben mögen, dass wir nicht die Lasten unserer Mitmenschen tragen, sind unsere Körpersysteme oft darauf programmiert, eben genau diesen Absorbierungsmechanismus zu bedienen.
Instabile Grenzen sind oft das Resultat davon, dass wir als Kinder Überlebensmechanismen entwickelt haben, um uns an die Emotionen und Energien in unserem Umfeld anpassen und angemessen reagieren zu können, wenn unser System sich bedroht fühlt. Diese Mechanismen mögen uns nach wie vor unterbewusst oder bewusst steuern und uns wenig Spielraum lassen, die Verantwortung für ihre eigenen Emotionen an unsere Mitmenschen zurückzugeben. Weil unsere Systeme logischerweise nicht darauf ausgerichtet sind, langfristig die Lasten für unsere Partner*innen, Freund*innen, Eltern und die ganze Welt zu tragen, reagieren wir irgendwann mit einer großen Überwältigung und Überforderung, die dann eintritt, wenn ein gewisses Maß an Intimität überschritten wird oder wir uns aufgrund des ständigen Absorbierens unter Menschen bedroht und ausgeliefert fühlen. Wir werden paranoid vor zu viel Nähe und dem dementsprechend ansteigenden Risiko, uns selbst in dieser Nähe und den Emotionen unseres Gegenübers zu verlieren.

Emphatisch oder hochempathisch zu sein, bedeutet aber nicht, ein Leben als Einsiedler*in führen zu müssen, weil wir diesem Mechanismus und damit auch anderen Menschen hilflos ausgeliefert sind. Wir sollten uns nicht mit einer Opferrolle zufrieden geben, die die Fähigkeit ständig mit dem Label »Überforderung« für uns versieht. Nein, wir sollten die Gabe der Empathie in ihrem ganzen Potenzial annehmen und die Herausforderung, vor die sie uns stellt, dafür nutzen, immer verbundener mit uns selbst und unseren Grenzen zu werden. So können wir die Kontrolle darüber zurückgewinnen, um die Verantwortung für ihre Emotionen wirklich bei anderen Menschen zu lassen und uns nicht überall dort emotional einzukaufen, wo unser Umfeld sich das von uns wünschen würde.

Alltagsritual: Die Verantwortung nur für das übernehmen, was zu dir gehört

Du kannst dieses kleine Ritual immer dann machen, wenn du das Gefühl hast, mit einem Menschen in einer Situation emotional-energetisch verstrickt zu sein und hier deine Identität verloren zu haben.
Platziere die Person vor deinem inneren Auge in dem Abstand, wie es sich gut für dich anfühlt.
Erlaube dir, zu fühlen, was du fühlst, wenn du jetzt an diese Person denkst. Jede Emotion ist menschlich und vollkommen okay. Du kannst dein System dabei beruhigen, in dem du dir sagst: »Ich fühle mich, wie ich mich fühle, und das ist okay.«
Bitte nun dein Nervensystem, sich vom Nervensystem deines Gegenübers zu entkoppeln. Nimm wahr, wie deine Energie vollkommen zu dir zurückfließt und deinen ganzen Körper wieder mit dir selbst auffüllt. Diesen Akt der Befreiung kannst du intensivieren, indem du in Gedanken oder laut (was auch

immer sich für dich besser anfühlt) folgende Worte an diese Person richtest:

»Ich übernehme die Verantwortung für das, was zu mir gehört, und gebe die Verantwortung für das, was zu dir gehört, an dich zurück. Alle energetischen Verbindungen zwischen uns, die nicht meiner reinsten Essenz entsprechen, werden jetzt vollständig gelöst.«

Lass nun geschehen, dass sich alle Energien zwischen euch separieren, die diese Verstrickung nähren, wende den Blick von dieser Person ab und spüre dich – mit Sicherheit ein bisschen befreiter – in deinem Körper.

Wir wollen den Mechanismus der »Überempathie« in eine für uns gesunde Balance bringen. Hierbei müssen wir erkennen: Nicht das Fühlen der Emotionen anderer Mitmenschen ist das Problem, sondern das Festhalten daran. Wir wollen lernen, jenen Anteilen in uns Raum und Heilung zu schenken, die diesen Mechanismus immer wieder bedienen wollen, weil es ihnen aus ihrer begrenzten und oft bindungstraumatisierten Perspektive als einzig sichere Möglichkeit erscheint, Beziehungen zu führen. Wir wollen lernen, ein Gewahrsein dafür zu entwickeln, welche Emotionen unsere sind und welche nicht und wie wir das, was nicht zu uns gehört, schnell wieder loslassen können, wenn wir es aufgenommen haben. Gleichzeitig wollen wir die Verantwortung für ebenjene Emotionen in uns übernehmen, die in Resonanz gehen mit dem, was wir von außen übernehmen, und wir wollen die Opferrolle, so realistisch sie sich für gewisse Anteile in uns auch anfühlen mag, nachhaltig loslassen.

Uns selbst emotional wieder in Besitz zu nehmen, bedeutet unweigerlich, das zurückzugeben, was nicht zu uns gehört, und das zu integrieren, worüber wir damit in Resonanz gegangen sind. Während meiner ersten Beziehungserfahrungen war ich mir dieses Mechanismus quasi nicht bewusst. Klar merkte ich, dass ich mich unmittelbar begann, schlecht zu fühlen, wenn es meinem Gegenüber nicht gut ging. Klar merkte ich, dass ich einen starken Drang verspürte, meine Mitmenschen zu retten und ihre Lasten für sie zu übernehmen. Doch erst später realisierte ich das ganze Ausmaß dieser Dynamik und erkannte, wie sehr ich in meinen Beziehungen jeweils zu der Person wurde, mit der ich gerade zusammen war. Wie sehr ich ihre Verletzungen, ihre Emotionen und ihre ungefühlten Traumata für sie ausagierte und ständig unbewusst versuchte, ihre Bedürfnisse zu befriedigen. All dies geschah unbewusst und verdrehte mich auf eine Weise, die mich nicht mehr spüren ließ, wer ich eigentlich in dieser Beziehung war. Ich verlor den Zugang zu dem, was ich fühlte, was ich brauchte und wo meine Grenzen lagen. Alles verschwamm innerhalb dieser Grenzenlosigkeit einer Empathie, die ich nie gelernt hatte, für mich auf eine heilsame Weise zu managen.

Lass uns also hier noch einmal zusammenfassen, worin der Unterschied zwischen einem gesunden Empathiemanagement liegt und einer »Überempathie«. Ein gesundes Empathiemanagement würde ich so beschreiben: Wir spüren, was unser Gegenüber fühlt. Doch wir nehmen es nicht persönlich und lassen die emotionale Verantwortung bei unseren Mitmenschen. Wir mögen hin und wieder etwas in anderen Menschen triggern – Spiegeleffekte sind in Beziehungen vollkommen normal –, doch wir fühlen uns weder schuldig noch überverantwortlich dafür. Wir halten den Raum und bleiben präsent und zentriert in uns und sind aus diesem Zustand heraus in der Lage, uns auf eine gesunde Weise auf unser Gegenüber zu beziehen, ohne unsere Identität zu verlieren.

Was ist also das Gegenteil davon, was bedeutet es, *zu* empathisch zu sein und uns in den Emotionen unseres Gegenübers zu verlieren? Wir glauben, wir seien nur wertvoll, wenn sich unser Gegenüber in unserer Gegenwart ausschließlich gut fühlt. Tut dieser

Mensch das nicht, fühlen wir uns verantwortlich und schuldig und versuchen bewusst oder unbewusst alles, um das ins Positive zu wandeln. Das kann so weit gehen, dass wir irgendwann glauben, wir müssten unsere Partner*innen retten und zu einer Beziehungsidentität werden, die wir immer wieder wiederholen. Wir spüren unsere Mitmenschen besser als uns selbst. Wir sind permanent mit dem Innenleben unserer Mitmenschen verwoben, um zu überprüfen, wie wir zu sein haben, um zu gefallen, zu erfreuen, zu harmonisieren und ja keine schlechten Gefühle auszulösen. Denn in Konfliktsituationen nehmen wir die ganze Last des Konfliktes auf uns und verspüren sofort Verlustangst, Panik oder plagende Schuldgefühle, die erst dann beruhigt werden, wenn der Konflikt wieder harmonisiert ist.

Wer sich dieses Mechanismus nicht bewusst ist, fühlt sich in Beziehungen oft überfordert und eingeengt. Bewusst oder unbewusst werden wir von einer falschen Verpflichtung und damit verbundenen Schuldgefühlen geplagt, die Erwartungen unseres Gegenübers stets erfüllen zu müssen, um eine Berechtigung in der Beziehung zu haben. Mental, emotional, energetisch und körperlich wird uns Nähe schnell zu viel, weil wir uns in unserem Gegenüber verlieren. Wenn wir also nicht lernen, unsere Empathie heilsam zu »managen«, neigen wir zu Mustern unsicherer Bindung:

- Aufopferung, um uns nicht schuldig fühlen zu müssen
- die Tendenz, den Partner oder die Partnerin zu retten
- Bindungsangst, weil wir unsere Grenzen nicht wahren können und uns auf Kosten unserer Integrität zu sehr mit den Erwartungen unseres Gegenübers verstricken, ohne das eigentlich zu wollen
- Rollen, über die wir uns vereinnahmende oder uns wegdrückende Partner*innen anziehen, die wir aber in beiden Fällen zu retten entschlossen sind
- eine Anfälligkeit für Menschen, die ihr ungeteiltes Drama auf uns projizieren und uns ihren emotionalen Ballast aufzuhalsen versu-

chen, weil sie unbewusst oder bewusst wahrnehmen, dass wir uns dafür zur Verfügung stellen

- auf energetischer Ebene eine Schwächung unserer eigenen emotionalen und mentalen Gesundheit dadurch, dass wir für unser Gegenüber die Verletzungen und die daraus resultierenden Emotionen zu verarbeiten versuchen, die es selbst nicht in der Lage ist zu verarbeiten

Was macht das mit unserem System? Meiner Erfahrung nach werden wir zum »Energieschwamm«: Wir verlieren nicht nur die Verbindung zu unserem Kern, sondern absorbieren auch ständig die Emotionen, Glaubenssysteme und unverarbeiteten Verletzungen der Mitmenschen, mit denen wir uns auf energetischer Ebene verbinden. Weil wir nicht gelernt haben, diese Fremdgefühle von unserer wahren Identität zu separieren, beginnen wir, in Beziehungen an uns selbst zu zweifeln. Das, was wir von unseren Partner*innen spüren und absorbieren, versuchen wir zu verarbeiten, zu hinterfragen und zu analysieren. Wir kreieren eine Identität aus Gefühlen, die eigentlich gar nicht zu uns gehören. Wir paddeln umher in einer emotionalen Suppe, von der wir denken, wir müssten sie auslöffeln, und sind uns oftmals nicht bewusst, dass die Wurzel des Dilemmas ganz woanders liegt. Wir haben unsere Identität in unserer Beziehung verloren und befinden uns stattdessen in einer energetischen Co-Abhängigkeit mit unserem Gegenüber. Seinen Emotionen. Seinen Verletzungen. Seinen Lasten.

Ich bin der felsenfesten Überzeugung: Nur wenige Menschen sind sich wirklich in vollem Ausmaß darüber bewusst, wie schädlich es für unsere emotionale, mentale und spirituelle Gesundheit sein kann, wenn wir durch unsere Empathie die Verletzungen unserer Mitmenschen duplizieren und sie zu unseren eigenen machen.

Als ich diesen Mechanismus, der in mir lief, in vollem Umfang erkannte, fühlte ich mich als Opfer. Es fiel mir wie Schuppen von den

Augen, als ich erkannte, dass ich während der Beziehung zu meinem Ex-Partner plötzlich immer mehr seine eigenen Verletzungen und Bewältigungsstrategien (etwa die Strategie, sich unmittelbar emotional zu distanzieren, wenn die Nähe zu viel wird) wie ein Schwamm aufsog und seine Beziehungsprogramme zu meinen eigenen machte. *Ich habe doch mein eigenes Päckchen zu tragen,* ärgerte ich mich. *Wieso muss ich also ständig jene meiner Mitmenschen für sie mittragen?*
Wir dürfen uns – wie ich finde – erlauben, dies als anstrengend zu empfinden, uns traurig darüber zu fühlen oder wütend zu sein, wenn wir diese Mechanismen bemerken. Gleichzeitig müssen wir die Verantwortung dafür übernehmen, diesen Mechanismus zu regulieren, die schädlichen Dynamiken der »Überempathie« zu heilen und diese ganz besondere Fähigkeit, so präzise mitzufühlen, auf eine gesunde Ebene heben. Hierzu ist es hilfreich, zunächst einmal die Ursachen dieses Mechanismus zu verstehen, der uns so sehr in unserem Beziehungsalltag beeinträchtigt. Wie kommt es zu diesem Mechanismus der »Überempathie«, den sich so viele Menschen antrainiert haben?

DEN MECHANISMUS DER »ÜBEREMPATHIE« VERSTEHEN LERNEN

Lass uns das klar sagen: Sosehr dich dieser Mechanismus auf mentaler Ebene stören mag und du ihn loswerden möchtest, weil er nur auf Kosten deiner eigenen Grenzen und Bedürfnisse funktioniert, beruht er doch auf einem alten Überlebensmechanismus, von dem dein Körpersystem noch immer glaubt, du würdest ihn brauchen, um in Beziehungen sicher zu sein. Und für viele Menschen ist das in ihrer subjektiven Wahrnehmung nach wie vor die gelebte Wahrheit: Sie fühlen sich nur sicher, wenn sie

- die Lasten für andere tragen,
- sich aufopfern,
- dafür sorgen, dass es dem Partner oder der Partnerin immer gut geht,
- stets mit den Emotionen des Gegenübers verbunden sind, um die Kontrolle über sein emotionales Wohlbefinden zu haben,
- ständig die Erwartungen ihres Gegenübers erfüllen
- und so sind, wie es von ihnen gebraucht wird.

Dieser Überlebensmechanismus ist so tief in unserem System verankert, dass er uns ständig emotional und mental programmiert und stets Angst oder Schuld in uns aktiviert, wenn wir versuchen, ihn auszuhebeln. Er suggeriert uns Bindungsmuster, die zwangsläufig zu Selbstverlust führen müssen. Damit sind wir an der Kernursache angekommen. Lass einmal die folgenden Fragen auf dich wirken:

- Wie sehr haben wir uns als Kind im emotional-energetischen Umfeld unseres Familiensystems verloren?
- Wie sehr haben wir uns an den emotionalen Stress unseres Umfeldes angepasst und Strategien entwickelt, uns darin einigermaßen sicher und geliebt zu fühlen?
- Wie sehr haben wir bereits als Kind die innere Verpflichtung verspürt, unsere Mütter, unsere Väter zu retten, ihre Lasten abzunehmen und sie zu absorbieren?
- Wie sehr haben wir uns antrainiert, unser Umfeld zu harmonisieren, für Freude und Leichtigkeit zu sorgen, wo diese Ressourcen vielleicht von Drama und ständiger Angst im Außen verborgen lagen?
- Wie viel mussten wir gefallen, erfreuen, uns zurückhalten, um Liebe kämpfen?
- Wie viel Verantwortung haben wir getragen, die für uns als Kind viel zu viel, viel zu überwältigend, viel zu schwer war?

- Wie viel emotionalen Mangel haben wir erfahren, der uns suggeriert, wir seien es nicht wert, für unser wahres Wesen geliebt zu werden, und müssten stattdessen ständig um Liebe kämpfen, unseren Wert beweisen und Lasten tragen, die eigentlich gar nicht zu uns gehören?

All diese Fragen geben uns Aufschluss darüber, welche Definition von Liebe und Bindung wir erlernt haben. Sie zeigen uns, wie intensiv die Abspaltung und Trennung von unserem ureigenen Wesenskern war, was wir für die Liebe geopfert haben, die wir uns als Kind erhofft haben – und wie wir auch später noch immer darum buhlen. Die Fragen deuten darauf hin, wie unsere emotionalen Grenzen verschwammen im kindlichen Versuch, durch Anpassung an unser Umfeld einfach nur das Maximum an Liebe und Anerkennung für uns herauszuholen. Sie geben uns Aufschluss darüber, wie sehr wir in Beziehungen dazu tendieren, der »Energieschwamm« für die Lasten unserer Mitmenschen zu sein, in emotionale Co-Abhängigkeiten zu geraten und daraus resultierend unsere Identität zu verlieren. Wir wollen in dieser Selbstheilungssession lernen, wie wir Lasten und Emotionen, die wir von anderen Menschen übernommen haben, loslassen und die Mechanismen in uns heilen können, die uns in dieser Hinsicht entgrenzen.

WAS UNS AN DEN EMOTIONEN ANDERER FESTHALTEN LÄSST

»Welche Emotion in mir resoniert mit dem, was ich von meinem Gegenüber übernommen habe?«
»Welche Energie in mir verschmilzt mit der Emotion meines Gegenübers?«

»Was in mir muss ich verändern, damit ich nicht mehr ständig die Lasten meines Gegenübers absorbiere?«
Dies sind die Fragen, die wir uns zu stellen haben, wenn wir mit dem Loslassen von Fremdenergien oder Fremdemotionen arbeiten und hier wirklich nachhaltige Erfolge erzielen wollen. Denn das Separieren von Fremdemotionen und Fremdenergien ist im Grunde genommen relativ einfach: Es geht hier einfach nur um eine Bewegung von Energie, die nicht zu uns gehört. Sie ist aber nur dann nachhaltig, wenn wir das integrieren, fühlen und heilen, was in uns sozusagen den Kleber für diese Fremdlasten bildet.
Welche Aspekte und Emotionen in uns generieren also jenen Kleber, der uns an den Lasten anderer Menschen festhalten lässt?

Schuld

Wir fühlen uns dafür verantwortlich, wenn andere Menschen sich in unserer Umgebung nicht gut fühlen, und nehmen es unbewusst persönlich. Dies ist ein klassischer kindlicher Überlebensinstinkt, weil wir als Kind alles, was um uns herum geschieht, tendenziell auf uns selbst beziehen. Je mehr also dieser Mechanismus noch in unserem System abgespeichert und nicht integriert ist, desto mehr überflutet er unser System mit Schuldgefühlen, wenn es anderen Menschen um uns herum nicht gut geht. Noch einmal zur Erinnerung: Wir können nicht die emotionale Verantwortung für andere Menschen übernehmen. Das ist viel zu viel für unser System.

Angst

Vielleicht hast du Angst, von deinem Gegenüber verlassen, verurteilt oder angegriffen zu werden, wenn du seine Gefühle nicht harmonisierst. Vielleicht hast du auch Angst, die Kontrolle zu verlieren, wenn du nicht in der Lage bist, die Emotionen deines Gegenübers zu kontrollieren. Jegliche Form von Angst in zwischenmenschlichen Beziehungen führt dazu, dass wir unsere energetischen Fühler zu unserem Gegenüber strecken und – um die Kontrolle zu behalten – ständig seine Emotionen scannen und versuchen, sie auszugleichen. Wir haben dabei erneut das Ziel, uns sicher zu fühlen und die Kontrolle zu bewahren. Unsere erwachsenen Anteile mögen wissen, dass wir nicht mehr alles um uns herum kontrollieren müssen, um sicher zu sein. Unsere unintegrierten verletzten kindlichen Anteile wissen das jedoch nicht.

Sehnsucht

Hier kommen wir zurück zum Thema »Traumabonding«. Die Sehnsucht nach symbiotischer Verschmelzung mit einem Gegenüber mag unseren kindlichen Anteilen eine Illusion von Sicherheit vorgaukeln. Auf energetischer Ebene passiert aber etwas, das wir eigentlich vermeiden wollen: Wir absorbieren die Lasten unseres Gegenübers und machen diese Lasten irgendwann zu unserer eigenen Identität. Diese Form von energetischem Selbstverlust ist aus dem Grund hochgradig ungesund, weil die Verschmelzungsdynamik immer auch dazu führt, dass wir uns irgendwann nur noch über unser Gegenüber spüren können und völlig den Bezug zu unserer eigenen Identität verlieren. Die Folgen: massive Verlustängste, klebrige Abhängigkeiten und emotionale Verstrickungen, die immer schwerer zu lösen sind, je mehr es den Beteiligten an der Fähigkeit fehlt, sich immer wieder in sich selbst zu zentrieren und die Verantwortung für die eigenen Gefühle zu sich zurückzuholen. Klebrige Sehnsüchte – so menschlich sie auch sein mögen – müssen integriert werden, damit es uns gelingt, in Beziehungen bei uns bleiben zu können. Erst dann ist echte Intimität statt emotionaler Verstrickung wirklich möglich.

Mitleid

Viele Menschen haben die kindliche Programmierung, dass sie anderen Menschen nur helfen können, wenn sie ihr Leid absorbieren und mit ihnen leiden. Unabhängig davon, dass wir das Leid dadurch verdoppeln, anstatt es nachhaltig in die Heilung zu bringen, macht uns dieser Mechanismus krank, weil unser Körpersystem nicht dafür ausgelegt ist, das Leid anderer Menschen zu tragen und zu prozessieren. Wir mögen schon als Kind aus Liebe den ganzen Schmerz unserer Eltern absorbiert haben, um sie zu unterstützen und zu heilen. Nun setzen wir diesen Mechanismus in unseren Beziehungen fort. Mitleid ist auch einfach nur ein Gefühl, das gefühlt und integriert werden will, sodass wir in Kontakt mit dem Leiden anderer Menschen lernen können, präsent zu bleiben, anstatt uns die Lasten aufzubürden und uns aus unserer eigenen Mitte herausreißen zu lassen.

Ohnmacht und Gefühle von Ausgeliefertsein

Was machen wir, wenn wir uns von anderen Menschen bedroht und ihrem Urteil uns gegenüber ausgeliefert fühlen? Richtig, die hier betroffenen inneren Anteile beginnen, sich anzupassen und emotional mit dem Gegenüber zu verschmelzen. So paradox das klingen mag: Je mehr wir uns einer Person gegenüber ohnmächtig und ausgeliefert fühlen, desto mehr verschmelzen wir – aus diesem Zustand der Entgrenzung heraus – auf emotional-energetischer Ebene mit diesem Menschen. Der oft zwanghafte Mechanismus, sich schützen und abgrenzen zu müssen, der bei vielen hochempathischen Menschen hier als Gegenbewegung zu dieser kaum auszuhaltenden Ohnmacht wirkt, ist hier nur die Kehrseite der Medaille. Unsere Macht holen wir uns dort zurück, wo wir die Gefühle von Ohnmacht und Ausgeliefertsein integriert haben und wo unsere Grenzen wiederhergestellt werden, sodass wir uns sicher in uns selbst fühlen.

Ich kann mich in diesem Muster übrigens besonders gut wiederfinden, weil sich viele innere Anteile in mir von der Welt, der Gesellschaft und von anderen Menschen bedroht fühlen. Wichtig zu verstehen ist, dass dies auch nur alte Traumaprogramme sind, die bereits im Mutterleib entstanden sind.

Anteile des Gegenübers, die sich in uns wiederfinden

Wenn wir gewisse emotionale Wunden in uns nicht verarbeitet haben und damit verbundene Anteile noch stark unterdrückt oder dissoziiert sind, ist die Wahrscheinlichkeit groß, dass diese Anteile mit jenen Wunden unseres Gegenübers verschmelzen, also in Resonanz gehen. Wir bemerken dann, dass uns das Leid eines Menschen übermäßig stark triggert, können den Schmerz unseres Gegenübers vor allem in engen Beziehungen kaum aushalten und tun gut daran, uns hier zu fragen: »Welcher Schmerz in mir möchte hier gesehen werden? Welcher Anteil in mir resoniert hier mit dem Schmerz meines Gegenübers? Was ist in mir unerlöst und erinnert sich über mein Gegenüber nun an meinen eigenen Schmerz?« Es gilt also, den Fokus vom Schmerz des Gegenübers zu sich zurückzuholen und das zu fühlen, zu heilen und zu integrieren, was klar damit in Resonanz geht.

FREMDEMOTIONEN UND FREMDENERGIEN LOSLASSEN

Prinzipiell gilt: Je unsicherer und instabiler wir uns in Beziehungen fühlen, desto mehr verschmelzen wir mit den Energien und Emotionen um uns herum, um ein Gefühl von Kontrolle zurückzuerlangen. In anderen Worten: Was nicht integriert ist, wird absorbiert, damit wir uns sicher fühlen, weil uns die Sicherheit in uns selbst fehlt. Bei der Arbeit mit Fremdenergien und Fremdemotionen sollten wir also auch immer die emotionale Verantwortung für jene Aspekte in uns übernehmen, die mit den übernommenen Gefühlen in Resonanz gehen. Denn was integriert ist, mag zwar die Gefühle des Gegenübers wahrnehmen, aber es absorbiert sie nicht mehr, weil es sich weder emotional verantwortlich noch ausgeliefert oder verpflichtet fühlt, es zu harmonisieren.

Lass uns zunächst einmal feststellen: Emotionen anderer Menschen müssen nicht von uns gefühlt werden und können auch nicht von uns prozessiert werden, weil wir logischerweise nicht imstande sind, das körperlich und emotional zu verarbeiten, was nicht zu uns gehört. In meiner Arbeit lege ich großen Wert darauf, jene Lasten zu separieren, die nicht zu uns gehören, weil wir sonst dazu neigen, diese Lasten zu unserer eigenen Identität zu machen. Ja, wir mögen die Angst unserer Mutter oder die Schuld unseres Vaters als Kind absorbiert haben, aber wir haben jetzt das Recht, das zu separieren, was nicht zu uns gehört, um wieder spüren zu können, wer wir wirklich sind. Und das ist in der selbstheilerischen Praxis ein wesentlicher Aspekt: Um hinsichtlich eines Themas fühlen zu können, was wir fühlen, müssen wir erst einmal das separieren, was wir hier vom Gegenüber übernommen haben, weil unsere Gefühle sonst von jenen Gefühlen gedeckelt und deswegen nicht für uns zugänglich sind.

So erschließt sich für mich im Umgang mit Fremdemotionen und Fremdenergien folgende Strategie:

1. Wir separieren die Energien und Emotionen, die nicht zu uns gehören, und ...
2. ... fühlen und integrieren dann, was darunterliegt. Dadurch kommen wir meist in Kontakt mit dem, was uns die Fremdemotion hat absorbieren lassen.

Dies ist für mich ein ganzheitlicher Umgang mit Fremdemotionen und Fremdenergien, der eine klare Verantwortungsaufteilung vorsieht: Wir übernehmen Verantwortung für das in uns, was gefühlt werden möchte, und geben die Verantwortung für das zurück, was wir aus den alten Mustern und Mechanismen heraus übernommen haben.

Wie können wir auf dieser Basis nun mit Fremdemotionen und Fremdenergien arbeiten? Die folgenden Schritte helfen dir dabei.

Schritt 1: Im Körper ankommen

Egal, ob es sich um deine eigenen Emotionen handelt oder um Energien oder Emotionen, die du von anderen übernommen hast: Du bekommst nur dann Zugang zu deinen Emotionen, indem du aus den Gedanken in deinem Kopf in die emotionalen Empfindungen deines Körpers »hinabsteigst« und zunächst einmal fühlst, was du fühlst, bemerkst, was du bemerkst, und wahrnimmst, was du wahrnimmst. Wenn wir Emotionen von anderen Menschen übernehmen, beginnt unser Kopf in der Regel, denselben Terror zu veranstalten wie bei unseren eigenen Emotionen: »Jetzt spüre ich die ganze Trauer meines Gegenübers. Jetzt habe ich schon wieder etwas aufgeschnappt. Sind das jetzt meine eigenen Gefühle oder die meines Gegenübers?«

Anstatt im endlosen Karussell unserer Gedanken zu kreisen, trainieren wir also erneut Körperpräsenz und Gegenwärtigkeit mit dem, was wir gerade fühlen, und fragen uns: »Wo in meinem Körper fühle ich die Anspannung, die diese schlechten Gedanken in meinem Kopf auslöst?« Vielleicht ist es ein Drücken im Hals, ein Ziehen im Solarplexus oder eine unangenehme Schwere im Bauchraum. Du fragst – dein Körper antwortet.

Schritt 2: Erkennen, was zu dir gehört und was nicht

Hier bringen wir unser Spirit-Selbst ins Spiel. Wir werden später noch einmal detaillierter auf unser höheres Selbst eingehen und wie wir damit arbeiten können, doch eine Sache vorweg: Körperpräsenz ist der unmittelbare Zugang zu deinem Spirit-Selbst. Indem wir fühlen, was wir fühlen, und indem wir uns wirklich auf eine sanfte und weiche Weise in die Körperempfindungen unserer Emotionen – so unangenehm sie auch sein mögen – hineinentspannen, desto mehr bringen wir die reine Präsenz unseres höheren Selbst in unseren Körper und sind dadurch in unmittelbarem Kontakt mit unserem größten Selbstheilungspotenzial.

Stellen wir uns nun also die Frage »Ist das meins oder ist das nicht meins?«, laden wir unser höheres Selbst ein, das zu separieren, was nicht zu uns gehört. Wir müssen die Frage weder mental beantworten noch auf eine Antwort warten. Alles, was wir machen, ist, uns auf diese Frage einzulassen und zu bemerken, wie unser höheres Selbst das löst, was nicht zu uns gehört. Dieses »Werkzeug« mag simpel klingen, doch es ist mein bevorzugtes Alltagstool zum Umgang mit Fremdenergien und Fremdemotionen.
Wenn ich bemerke, dass ich Emotionen von anderen übernommen habe, fokussiere ich mich sofort auf die betroffenen Körperstellen und frage: »Ist das meins oder ist das nicht meins?« Mein höheres Selbst ist so trainiert, dass das, was nicht zu mir gehört, sofort abfließt. Wir werden dies später in der Heilmeditation miteinander ausprobieren.

Schritt 3: Das wieder in Besitz nehmen, was zu dir gehört

Nachdem nun also separiert wurde, was nicht zu dir gehört, bist du in der Regel in der Lage zu fühlen, was dich unterhalb der übernommenen Emotionen emotional bewegt. Du bist somit in Kontakt mit dem Gefühl, über das du mit den übernommenen Gefühlen deines Gegenübers resonierst. Wenn du das Gefühl nicht automatisch fühlen kannst, empfehle ich dir, dich zu fragen: »Welche Emotionen in mir hat diese Fremdemotion übernommen?« Oder: »Was in mir möchte jetzt gefühlt werden, das an den Emotionen, die ich übernommen habe, festhält?« Spiele hier mit deiner eigenen Sprache und formuliere die Fragen so, wie sie sich für dich stimmig anfühlen. Hier kannst du dich erneut auch zusätzlich fragen: »Wo in meinem Körper steckt diese Emotion fest?«
Die Kommunikation mit unserem Körper ermöglicht uns immer wieder einen Zugang zu unserer Gefühlswelt, der uns beim Verharren in den Gedankenschleifen unseres Verstandes oft verwehrt bleibt. Wir dürfen also unseren Verstand immer wieder in eine Rich-

tung trainieren, gezielte Fragen zu stellen, anstatt uns von seinen oft destruktiven Gedanken herumkommandieren zu lassen. Wenn du also nun in deinem Körper fühlst, was gefühlt werden möchte, arbeite anschließend mit Erlaubnis und Akzeptanz. Werde weich in deinem Körper. Bitte dein System, die Emotion so zu dosieren, dass du sie sicher und geerdet durchfühlen kannst. Und erlaube und akzeptiere das, was du fühlst. Dies ist unser Werkzeug für emotionale Integration.

Noch einmal: Bleibe hierbei spielerisch. Experimentiere. Es ist vollkommen okay und normal, dass es dir nicht immer gelingt, das zu separieren, was du übernommen hast. Es ist vollkommen okay und normal, dass du dich hierbei manchmal verzettelst. Werde in diesem Falle weich, erlaubend und akzeptierend mit der Frustration oder Ohnmacht, nicht loslassen zu können, was du übernommen hast. Je weicher und entspannter wir sind, desto schneller kann das abfließen, was nicht zu uns gehört. Es ist immer wieder ein Spiel, aus der emotionalen Verhärtung in die emotionale Erlaubnis und Akzeptanz zu kommen. Und dieses Spiel wollen wir miteinander üben.

DICH ENERGETISCH ABGRENZEN UND SCHÜTZEN

Vielleicht sagst du nun: »Schön und gut, so kann ich also lernen, loszulassen, was ich von anderen übernommen habe. Aber ich möchte doch erst gar nicht in die Lage kommen, Emotionen von anderen Menschen zu übernehmen.«
Energetischer Schutz ist nie nachhaltig, wenn wir nicht in unserem Körper sind. In anderen Worten: Wenn *wir* nicht in unserem Körper sind, werden es andere für uns sein. Für mich ist der beste und meiner Meinung nach auch einzige nachhaltige »energetische

Schutz« ein konsequenter Weg vom zersplitterten Selbst zum integrierten Selbst. Je mehr wir unseren Körper und unsere Emotionen wieder in Besitz nehmen, desto besser gelingt es uns, bei uns zu bleiben.

Im Übrigen: Wenn wir uns zu sehr darauf fokussieren, uns zu schützen und abzugrenzen, sind wir in ständigem Widerstand gegen unsere Umwelt. Die darin gebundene Energie von Angst (»Hilfe, ich muss mich abgrenzen«) ist definitiv kein solides emotionales Fundament, um gut bei uns bleiben zu können und trotzdem Verbindung und Intimität genießen zu können. Es ist vollkommen menschlich, dass viele von uns – zu denen übrigens auch ich gehöre – energetische Mauern aus Selbstschutz um uns herum gebaut haben. Doch du wirst feststellen, dass du weniger Energien von außen absorbierst, wenn du erst akzeptierend und erlaubend mit deinen eigenen Emotionen wirst.

Erlaubnis und Akzeptanz ist das beste »energetische Lösungsmittel« für Fremdenergien und Fremdemotionen. Wenn wir in unserem Körper sind und im Beisein anderer Menschen konsequent weich werden mit dem, was wir fühlen, kann nichts energetisch in uns andocken. Tut es das doch, dann können wir auch diese übernommene Emotion energetisch akzeptieren und erlauben und damit den Klammergriff lösen, den sie in uns auslöst.

Grundsätzlich gilt: Je größer unsere Widerstände gegen die Energien sind, die von außen auf uns einwirken, desto intensiver ist der Klammergriff, den sie in uns auflösen. Was wir allerdings erlauben und akzeptieren, kann sich energetisch lösen und wieder in den Flow kommen. Der beste »energetische Schutz« ist also keine radikale energetische Abgrenzungsstrategie, sondern eine liebevolle, mitfühlende energetische Offenheit unserem Körper und jenen Empfindungen gegenüber, die die Energien anderer Menschen in uns auslösen, sodass wir die Energie ständig im Flow halten und dementsprechend nichts andocken kann.

HEILMEDITATION FÜR DAS LOSLASSEN VON FREMDENERGIEN UND FREMDEMOTIONEN

Ich arbeite wöchentlich mit einer Menge von Menschen, die emotional feststecken und sich über die Arbeit mit mir wieder Flow und Erleichterung wünschen. Ich bin dabei ständig in Kontakt mit verletzten Anteilen und all ihren Widerständen, gefühlt zu werden. Wie kann ich diese Arbeit machen, ohne mich energetisch zu verlieren? Während ich in den Anfangsjahren meiner Arbeit teilweise nach Workshops und Seminaren noch krank wurde, weil ich energetisch so viel von den Teilnehmer*innen übernommen hatte, laugt mich meine Arbeit nun in keiner Weise mehr aus Warum? Weil ich die Energie immer am Fließen halte. Ich weiß, dass ich anderen Menschen nur helfen kann, wenn ich meiner eigenen energetischen Konstitution absolute Priorität einräume. In meiner Arbeit lege ich also größten Wert darauf, dass sie so abläuft, dass sie mich energetisch nährt und erfüllt und die hohen Frequenzen, mit denen ich an anderen Menschen arbeite, mich selbst genauso nähren und stabilisieren, wie es für mein Gegenüber passiert.

Natürlich übernehme ich hin und wieder Emotionen und Energien anderer Menschen. Doch anstatt durchzudrehen und mich selbst darüber zu ärgern, habe ich gelernt, weich zu werden mit dem Widerstand. Ich habe gelernt, das in mir zu integrieren, was mit diesen »Fremdenergien« verschmolzen ist.

Du findest die Meditation »Fremdenergien, Fremdemotionen und Lasten unserer Mitmenschen loslassen« im Downloadbereich (s. Seite 11). Sie wird dir dabei helfen, das loszulassen, was nicht zu dir gehört, und weich und erlaubend mit dir selbst zu werden.

SELBSTHEILUNGSSESSION 4: DEINE ABGESPALTENE SEELENENERGIE BEFREIEN

»Hilfe, ich opfere mich in all meinen Beziehungen auf!« Wir können uns nur so ganz und vollständig in uns fühlen, je mehr wir in der Lage sind, selbst unsere am meisten verwundeten und mit Ablehnung und Schuld assoziierten inneren Anteile liebevoll anzunehmen und in unser Sein zu integrieren.

Wir alle tragen diese verwundeten Inneren-Kind-Fragmente in uns, die so sehr nach Heilung und Integration rufen. Wir alle tragen diese verwundeten Inneren-Kind-Fragmente in uns, die sich wünschen, in unseren Beziehungen von uns nahestehenden Personen gerettet und erlöst zu werden. Wir alle tragen diese verwundeten Inneren-Kind-Fragmente in uns, in deren Emotionen wir in Triggersituationen manchmal zu ertrinken drohen und uns dann wundern, wieso wir in gewissen Situationen entgegen unserem rationalen Verstand überreagieren. Manchmal identifizieren wir uns so sehr mit diesen Fragmenten unseres inneren Kindes, dass wir ihr emotionales Erleben tatsächlich als die reine Wahrheit empfinden und ihre Sichtweise auf die Dinge zur Richtlinie für unser Denken und Handeln machen.

Wichtig zu verstehen ist: Getriggerte Innere-Kind-Anteile sehen uns selbst, unsere Beziehungen und die Welt als Ganzes immer nur aus der begrenzten Sichtweise ihrer emotionalen Verletzung, in der sie oft noch verzweifelt feststecken und dementsprechend unser Handeln gemäß ihrer Überlebensstrategien programmieren. Je mehr wir diese Inneren-Kind-Anteile versuchen zu ignorieren, sie loswerden wollen oder versuchen, sie zu unterdrücken, desto stärker wird der Stress und desto heftiger die emotionale Flut, mit der sie in für sie triggernden Situationen auf sich aufmerksam machen. Je mehr diese

Inneren-Kind-Anteile unintegriert in unserem Körpersystem »umherschwirren«, desto mehr bilden sie die Basis dafür, worüber wir uns in Beziehungen verbinden. Das heißt, unsere Bindungsagenda wird gesteuert und programmiert von ihren unintegrierten Sehnsüchten, Erwartungen, Ängsten und vor allem von ihrer Tendenz, mit unserem Gegenüber verschmelzen zu wollen. Das führt oft zum totalen Selbstverlust, in dem die eigenen Grenzen und Bedürfnisse vollständig der Beziehung geopfert werden.

Wollen wir gesunde, angstfreie Bindung leben, bedarf es einer liebevollen Integrationsarbeit dieser Anteile, in der unser Körper wieder zu einem sicheren Container für diese verletzten Fragmente werden kann. In diesem Container können die Anteile heilen und sich rückverbinden mit unseren höheren Bewusstseinsanteilen, unserem erwachsenen Ich und jenen Bewusstseinsaspekten, die sich sicher und solide in uns fühlen. Ja, auch solche Aspekte tragen wir in uns, selbst wenn es uns oft schwerfallen mag, sie zu spüren, wenn unsere inneren Kinder ständig im Dramamodus sind.

Wir werden in dieser Selbstheilungssession lernen, diese verwundeten Anteile in uns zu halten und ihnen einen liebevollen Raum für ihre unverarbeiteten Emotionen zu geben. Wir werden lernen, durch einen unbeabsichtigten Fokus und den daraus entstehenden liebevollen Raum der Präsenz Raum zu halten für diese Anteile. Und wir werden es ihnen ermöglichen, in ihrem Tempo zu heilen.

Alltagsritual: Deine getriggerten Anteile in die Hände deines höheren Selbst geben

In der Ruhe liegt die Kraft! Doch wie sollen wir einen kühlen Kopf bewahren, wenn ein in uns getriggerter Anteil gerade Amok läuft? Dieses Ritual eignet sich hervorragend, um innere Anteile in Notfallsituationen zu beruhigen:

1. Umarme dich sanft und spüre die Kontaktpunkte zwischen deinen Händen und deinem Körper, um dich daran zu erinnern, dass du einen Körper hast. Das erdet und zentriert dich umgehend.
2. Beginne mit jenen inneren Anteilen zu sprechen, die gerade in emotionalem Aufruhr sind. Du kannst zum Beispiel sagen: »Ich danke euch, dass ihr euch für mich zeigt. Was kann ich jetzt unmittelbar tun, um eure Bedürfnisse zu sehen?«
3. Achte auf die Signale deines Körpers, auf intuitive Eingebungen. Vielleicht möchtest du deine Hand auf eine gewisse Körperstelle legen, vielleicht möchtest du eine gewisse Wahrheit aussprechen, die diesen Anteilen am Herzen liegt.
4. Um die getriggerten Anteile energetisch zu besänftigen, kannst du dein höheres Selbst darum bitten, ihnen zu helfen, ihre Emotionen zu halten. Du kannst etwa sagen: »Ich bitte jetzt mein höheres Selbst darum, all diesen Anteilen, die sich gerade in Not befinden, energetischen Halt zukommen zu lassen, sie zu lieben, sie zu nähren, solange sie das gerade brauchen.«

Spüre und fühle, wie die Energie deines höheren Selbst durch deinen Körper strömt und deinen inneren Anteilen vermittelt, dass sie in dieser Situation nicht allein sind.

»Ich habe Angst«, höre ich die Stimme eines inneren Anteils in meinem Herzraum flüstern, während ich einer Klientin von mir per Kurznachricht eine Grenze setze, von der ich weiß, dass sie sie emotional triggern wird. Mein Verstand beginnt, um diese Klientin zu kreisen: »War das wirklich richtig so? Habe ich es falsch formuliert? Was wird diese Klientin jetzt von mir denken?« Ich kann mich dabei beobachten, wie ich am liebsten zurückrudern würde, wie ich kurz davor bin, zum Handy zu greifen und eine beschwichtigende Nachricht zu schreiben, die alles wieder harmonisiert. Doch aus meinem höheren Spirit-Selbst heraus weiß ich: »Nein, es war richtig so. Ich musste diese Grenze setzen.«

Also konzentriere ich mich auf mich. Ich werde präsent. Um jetzt nicht vollständig in die Fänge meines aufgebrausten Verstandes zu geraten, muss ich mich um jene in mir aktivierten Inneren-Kind-Anteile kümmern, die Amok laufen, weil das Setzen dieser Grenze sie an überwältigende Gefühle von Schuld, Scham und Angst heranführt. Ich beginne, sanfte und weiche Atemzüge zu nehmen. Ich schenke dem Druck in meiner Solarplexusgegend liebevolle Aufmerksamkeit und sage: »Hallo. Schön, dass du da bist. Schön, dass du dich zeigst.« Ich spüre die überwältigende emotionale Ladung von Scham in diesem Anteil und weiß, dass ich sie nicht ohne Weiteres fühlen kann, ohne die Ladung in für mich zu bewältigende »emotionale Portionen« zu dosieren. Ich bitte also mein System, die emotionale Ladung dieses Anteils so runterzuportionieren, dass ich sie sicher und geerdet in meinem Körper verarbeiten kann. Ich spüre den körperlichen Schmerz, den diese Emotionen in mir auslösen, doch ich kann ihn halten. Ich sitze und atme mit ihm. Bin präsent. Erlaube und werde weich mit dem, was ist. Und initiiere damit eine Rückverbindung mit einem inneren Anteil in mir, der als Teil meiner Körperintelligenz mit allen Mitteln versucht, mein System zu schützen: vor ebenjener Ablehnung, jenen Angriffen, jenen Gefühlen von Falschsein, mit denen er – weil er in der Vergangenheit feststeckt und eben nicht in der Gegenwart integriert ist – noch immer identifiziert ist.

Wenn wir trainiert haben, wie wir weich und erlaubend mit unseren Emotionen werden können, eröffnet sich uns immer mehr der Zugang zur Innenwelt unserer emotionalen Fragmentierungen, die mit alten Wunden der Vergangenheit und unseren Ahn*innen identifiziert sind und uns unsere Welt in Triggersituationen durch die begrenzte Perspektive dieser Verletzungen sehen lassen. Je mehr sich unser System emotional entspannt und je mehr Kapazitäten wir entwickeln, um zu fühlen, was wir fühlen, desto mehr von dem alten, teilweise gut gedeckelten Schmerz hat nun die Möglichkeit, sich zu zeigen, um integriert zu werden.

Dies ist der ganz normale Wahnsinn des manchmal sehr herausfordernden Prozesses, durch den wir Menschen in unserem Leben gehen. Ein Prozess, dem eine höhere Intelligenz zugrunde liegt und der uns eine schrittweise Integration jener alten Emotionen abverlangt, die wir früher nicht in der Lage waren zu verarbeiten. Wir gehen nachträglich durch emotionale Prozesse, für die wir in der Vergangenheit keine Kapazität hatten. Wir holen uns schrittweise jene Energie zurück, die in unseren alten Verletzungen gebunden war oder teilweise sogar noch in den übernommenen Traumata unserer Ahn*innen feststeckt, welche tief in unserem Zellgedächtnis abgespeichert sind. Wir holen uns – so sehr uns das auch manchmal fordern mag und so sehr wir diese oft sehr anstrengenden Prozesse auch verfluchen mögen – unser integriertes Selbst zurück und kommen immer mehr in Kontakt mit der reinen Essenz in uns, die wir umso intensiver fühlen können, je mehr unserer emotionalen Fragmentierungen wir geheilt haben.

Wir sollten uns während dieses Prozesses immer mehr bewusst werden: Wir tun gut daran, uns gedanklich nicht in Beziehungen, nicht in Partner*innen, nicht in triggernden Situationen zu verlieren, sondern wir dürfen uns immer wieder daran erinnern, dass es bei der Klärung von Situationen selten um das geht, was sich im Außen zeigt, sondern immer um die Heilung dessen, was es in uns auslöst. Das Leben lädt uns ständig ein, uns mit uns selbst rückzuverbinden und die Wunden zu heilen, in denen unsere Energie noch zersplittert ist. Der Mangel und die Aufopferung, die wir in Beziehungen erfahren, ist immer ein Spiegel davon, wie viel Zersplitterung und Fragmentierung selbst noch in uns vorhanden ist. So real sich der Kampf unserer verletzten inneren Anteile auch anfühlen mag, so sehr möchte ich dir von Herzen empfehlen, ihn nicht zur Grundlage für deine Beziehungen zu machen, sondern ihn als Einladung zu sehen, dich selbst zu heilen. Nicht dein Gegenüber, nicht die Beziehung, sondern erst einmal dich.

Es gibt ein paar Regeln in meinem Leben, die ich mit liebevoller Selbstdisziplin befolge und die mich immer zu »höheren Lösungen« geführt haben:

1. Date nicht aus verletzten inneren Anteilen heraus und suche nicht nach Liebe aus verletzten inneren Anteilen heraus. Du wirst sonst das ernten, was die Grundlage deiner Suche ist: Verletzung und Mangel.
2. Triff keine Entscheidungen aus verletzten inneren Anteilen heraus, sondern warte ab, bis sich der emotionale Sturm gelegt hat, bis du auf Basis des nun einkehrenden inneren Friedens eine höhere Perspektive gewonnen hast.
3. Wenn sich deine verletzten inneren Anteile für die verletzten inneren Anteile deiner Mitmenschen verantwortlich fühlen, ist das viel zu viel Verantwortung für sie. Je mehr wir hier an Integrationsarbeit geleistet haben, desto klarer können wir uns abgrenzen und erkennen, wo wir unterstützen können und wo nicht. Heile, unterstütze und rette also nicht auf Basis deiner verletzten inneren Anteile.
4. Verletzte innere Anteile brauchen nicht deine Maßregelung und auch nicht deine Kontrolle. Sie brauchen deine Weichheit und dein Mitgefühl. Je weicher wir mit ihnen werden, desto lockerer wird der Klammergriff, den sie emotional auf uns ausüben.
5. Versuche, ein Problem nie dadurch zu lösen, indem du dich auf das Problem an sich fokussierst. Frage dich stattdessen: Welcher Anteil in mir wird durch die Situation im Außen getriggert? Ist hier Integration geschehen, lässt sich das Problem im Außen meistens viel leichter lösen.

Wir dürfen Folgendes verstehen: Aus der Sichtweise unserer verletzten inneren Anteile gibt es nur eine extrem begrenzte schmerzbasierte Perspektive auf uns selbst und die Möglichkeiten, die uns in einer herausfordernden Situation zur Verfügung stehen. Wir fühlen uns emotional blockiert und gefangen und finden uns in sich ständig wiederholenden Gedankenschleifen wieder, die uns davon ablenken, das zu fühlen und zu integrieren, was hier nach Integration ruft. Je mehr Integration stattgefunden hat, desto mehr beginnt sich unsere Perspektive zu weiten und desto mehr Kapazitäten gewinnen wir, um höhere Lösungen zu »empfangen«.

AUFOPFERUNG ALS SYMPTOM VERSTEHEN

Bevor wir nun genauer darauf eingehen, wie wir mit verletzten inneren Anteilen arbeiten können, möchte ich auf das Phänomen von Selbstaufopferung eingehen, das symptomatisch für das zersplitterte, entgrenzte Selbst ist. Ich würde sagen: Je entgrenzter wir sind, je mehr emotionale Fragmentierungen wir in uns tragen, desto größer ist das Ausmaß der Aufopferung, die wir in unseren Beziehungen an den Tag legen. Und je mehr wir uns aufopfern, desto weniger spüren wir unsere Grenzen. Ein Teufelskreislauf!

Aufopferung bedeutet, dass ich meine eigenen Grenzen und Bedürfnisse meinem Gegenüber opfere, um mich sicher, geliebt und wertvoll zu fühlen und nicht in Kontakt kommen zu müssen mit:

- **Schuld** (»Ich bin für mein Gegenüber verantwortlich und bin schuldig, wenn ich diese Verantwortung loslasse.«)
- **Angst** (»Ich reiche nicht aus, wenn ich mich nicht aufopfere, und bin nicht liebenswert genug, um um meiner selbst willen geliebt zu werden.«)

- **Sehnsucht** (»Ich opfere mich auf, damit Menschen mir als Dank für meine Aufopferung endlich das geben, was ich mir immer gewünscht habe.«)

Weil der Mechanismus der Aufopferung – ich kann es aus eigener Erfahrung sagen – so raffiniert in uns wirkt, müssen wir ihm mit dementsprechender Klarheit und Bewusstheit begegnen. Ohne mir darüber im Klaren zu sein, habe ich mich in früheren Zeiten in all meinen Beziehungen »geopfert«, und zwar aus allen drei oben beschriebenen emotionalen Motiven heraus. Dabei bin ich immer mehr in der Sackgasse aus Gefühlen von Mangel, Frustration und Unzulänglichkeit gelandet.
Aus rationaler Ebene macht das Sinn: Wie können wir erwarten, authentische, echte Liebe (nicht zu verwechseln mit Mitleid!) zu empfangen, wenn wir aus einem Motiv von Schuld, Angst, Sehnsucht und Mangel heraus geben? Den Kampf um Liebe, den wir aus unserer Aufopferung heraus führen, können wir nicht gewinnen. Er basiert auf Trennung und Abspaltung in uns selbst – weil wir unser wahres Selbst dafür opfern. Und er führt dadurch zu noch mehr Trennung und Abspaltung in uns selbst, die uns meistens über Beziehungen gespiegelt wird, in denen wir – egal, wie viel wir leisten, machen oder tun – immer wieder nur Mangelgefühle ernten. Jede Form von Aufopferung manövriert uns zwangsläufig in eine Opferrolle.

DIE AUFOPFERUNG BEENDEN

Ich möchte die Antwort darauf, woran wir erkennen, ob unser Geben einem Akt der Aufopferung oder einer inneren Freiheit entspricht, nicht zu sehr rationalisieren. Wir alle sind verschieden. Wir alle haben unterschiedliche subjektive Empfindungen davon, was sich im Hinblick auf Geben für uns stimmig anfühlt und was nicht. Fakt ist: Falls du in deinen Beziehungen nicht die gewünschte Balance aus Geben und Empfangen erfährst, wirst du zu sehr von der Rolle der Aufopferung beherrscht.

Authentisches Geben macht dich weit und friedlich. Es hält dich zentriert. Es löst keine Erwartungen in dir aus. Es nährt dich, weil es aus deiner reinen Essenz kommt und deine reine Essenz nur Erfüllung ist. Es ist ein Geben aus dem unerschöpfbaren Ressourcenpool deines höheren Selbst, das dich umso mehr erfüllt, je mehr du davon gibst. Da sind keine verstecken Absichten in deinem Geben und die Balance aus Geben und Empfangen, die du daraus ernten wirst, fühlt sich so selbstverständlich für dich an, dass du es nicht einmal als notwendig erachtest, sie zu hinterfragen. Wir ernten also Liebe, ohne sie einfordern zu müssen, weil wir in liebevoller Selbstverbundenheit sind.

Selbstaufopferungsbasiertes Geben macht dich eng, wenn du es aus Schuld oder Angst heraus machst, obwohl du es eigentlich nicht machen möchtest. Es berauscht dich, wenn du dir davon eine Erhöhung deines Selbstwertes versprichst. Der Rausch und der damit verbundene Endorphincocktail sind umso größer, je mehr dein Gegenüber dich gerade braucht. Ist der Rausch abgeklungen, folgt der emotionale Kater: »Jetzt will ich das, was ich gegeben habe, aber zurückhaben.« Danach kommt die Ausnüchterung, wenn du feststellst, dass sich dein Gegenüber scheinbar nicht so für dich aufopfert, wie du es tust. Du fühlst dich als Opfer, fühlst dich ungeliebt, entwickelst Aggressionen und wirst es doch wieder tun, wenn dir die Möglichkeit gegeben wird: weil du stets auf der Suche nach dem nächsten Endorphinrausch bist, weil du dich dann wieder wichtig und unentbehrlich fühlen kannst, wenn du dich aufopferst. Aufopferung kann uns süchtig machen, weil wir uns immer wieder selbst unseren Wert dadurch zu beweisen versuchen. Und doch ernten wir dabei nur Mangel, egal, wie sehr wir uns

bemühen und anstrengen, weil wir dabei in Trennung und Abspaltung zu uns selbst sind.
Unsere Aufopferung zu beenden, erfordert einen konsequenten, nachhaltigen Weg der Integration jener fragmentierten Anteile in uns, die in Mangel, Angst, Sehnsucht und Schuld feststecken und sich durch den Kampf um Liebe ihren Wert beweisen wollen. Wir wollen diesen Weg nun gemeinsam initiieren und uns die zersplitterte Lebensenergie zurückholen, die noch in diesen Anteilen steckt.
Eine Sache vorweg: Es gibt Tausende von Techniken und Methoden, mit dem inneren Kind zu arbeiten oder innere Anteile zu heilen. Mein Ansatz hierbei ist ein »körperzentrierter«. Auf eine traumsensitive Weise mit inneren Anteilen in Verbindung zu treten, funktioniert meiner Wahrnehmung nach am besten über eine Kommunikation mit unserer Körperintelligenz. Unsere inneren Anteile sprechen durch unseren Körper – durch unsere Emotionen, unsere physischen Empfindungen, durch das Gefühl von Ausweitung, wenn Heilung geschieht, und durch das Gefühl von Kontraktion, wenn emotionale Überwältigungen getriggert werden. Die erfolgreiche Arbeit mit inneren Anteilen ist meiner Ansicht nach eine sehr intuitive, die niemals in einem »Standardprogramm« zusammengefasst werden kann. Und doch möchte ich hier für dich die wichtigsten Schritte zur Arbeit mit inneren Anteilen zusammenfassen, wie ich sie als sinnvoll und ganzheitlich erachte.

Schritt 1: Lass dir den Weg zu deinen inneren Anteilen von deinen Emotionen zeigen

Wenn ich mit inneren Anteilen arbeite, werde ich präsent mit den in mir getriggerten Emotionen und nutze diese quasi als Tor zu einem inneren Anteil, der gesehen werden möchte. Wir wandern also vom Kopf hinunter in den Körper, erlauben und akzeptieren das Gefühl, das wir fühlen, und fragen uns: »Welcher innere Anteil in mir will

SELBSTHEILUNGSSESSION 5: DEIN SPIRIT-SELBST AKTIVIEREN

»Hilfe, ich habe Bindungsangst!« Unser Spirit-Selbst ist unser bester Lover. Unser bester Heiler. Unser bester Therapeut. Unser bester Ratgeber in allen Lebenslagen. Je mehr wir von diesem Spirit-Selbst zulassen können, desto mehr entfaltet sich unser Leben im Einklang mit unserem ganz natürlichen Erfüllungscode.

In diesem »spirituellsten Teil« unserer Reise zu uns selbst wollen wir die hochfrequente Energie dessen, wer wir wirklich sind – ein Fraktal der Quelle von allem, was ist –, immer mehr mit unserem physischen Körper integrieren. Wir wollen diese »Spirit-Verbindung« zu unserem höheren Selbst als stabilste Grenze unseres wahren Selbst kennenlernen. Je mehr wir aus dieser reinsten Präsenz leben, werden wir fühlen, wie wir immer tiefere Stadien von innerer Sicherheit und Ganzheit erfahren können, in denen es keinerlei Aufopferung bedarf, um uns geliebt und sicher zu fühlen – weil wir uns geliebt und sicher in uns selbst fühlen.

Selbstliebe und Selbstverbundenheit sind in diesen Stadien keine Begriffe mehr, nach denen wir außerhalb von uns suchen müssen. Wir beginnen immer mehr, das ganz natürliche Erfüllungspotenzial in uns zu fühlen und ein Leben ganz im Einklang mit den Wünschen, Sehnsüchten und Bedürfnissen zu führen, die spontan aus uns heraus gelebt und verwirklicht werden wollen. Anstatt uns in irgendwelchen spirituellen Sphären von unserem Menschsein abzutrennen und uns in spirituellen Konzepten zu verlieren, lassen wir uns ganz auf die menschliche Erfahrung ein und werden immer sicherer damit. Weil wir so intim, so weich und so verbunden mit uns selbst werden, ziehen wir dadurch Menschen in unser Leben, mit denen ebenso tiefe Stadien liebevoller Verbundenheit möglich sind, in denen wir ganz wir selbst sein können und in denen unsere urmenschlichen Bedürfnisse sicherer Bindung ganz natürlich erfüllt werden.

Wir wollen also lernen, wie wir unser höheres Selbst immer tiefer mit unserem physischen Körper verbinden können. Wir wollen lernen, wie wir unser höheres Selbst nutzen können, um durch Körperpräsenz das zu befreien, was nicht zu uns gehört. Wir wollen lernen, die Weite und Vollständigkeit unseres wahren Seins und die tiefe Entspannung, die wir hier erfahren, immer mehr in unserem Körper zu fühlen, und dadurch die menschliche Suche nach Erfüllung im Außen auf ein gesundes Maß reduzieren. Wir wollen ein Fundament für erfüllte Spirit-Beziehungen schaffen, weil wir selbst eine erfüllte Spirit-Beziehung mit uns selbst führen.

Für mich gilt hier als Faustregel: Je mehr wir physisch in der ursprünglichen Spirit-Energie unseres höheren Selbst resonieren, desto geringer ist die Gefahr, dass wir uns energetisch in Beziehungen verlieren, und desto mehr Kapazitäten gewinnen wir für tiefere Formen der Verbundenheit in unseren Beziehungen.[12] Durch eine sichere Bindung mit uns selbst – auf energetischer Ebene die Beziehung unseres Spirit-Selbst zu unserem physischen Körper – matchen wir automatisch mit Menschen, die unserer reinsten Essenz entsprechen und uns für das lieben und sehen können, was wir ursprünglich wirklich sind.

Lass uns hier noch mal zusammenfassen, was uns zeigt, dass wir Beziehungen nicht aus unserer reinen Essenz unseres höheren Selbst, sondern aus unseren fragmentierten bindungsängstlichen Anteilen heraus leben. Bindungsangst hat viele Gesichter. Und all diese Gesichter zeichnen sich durch Muster unsicherer Bindung aus, über die wir in Kapitel 1 ausführlich gesprochen haben. Ich kann aus eigener Erfahrung sagen: Wenn wir bindungsängstliche Partner*innen wählen, tun wir das nicht ohne Grund. Es ist gut, zu erkennen, dass dies ebenso eine Bindungsvermeidungsstrategie sein kann wie die ständigen Fluchtversuche unseres Gegenübers, das wir leichtfertig als Bindungsphobiker*in deklarieren, während mit uns ja »alles in Ordnung ist«.

Die Beziehungsformel ist einfach: Sind wir integriert genug, um sichere Bindungen zuzulassen, resonieren wir mit Menschen, die ebenfalls sichere Binder*innen sind. Und gegenteilig: Fehlen uns selbst die emotionalen Kapazitäten, um echte Intimität zuzulassen, wählen wir in der Regel Partner*innen (oder auch Freund*innen), die hier ebenfalls Defizite aufweisen.

Ich möchte hier eine Sache klarstellen: Bindungsangst ist kein Phänomen unter Dauersingles, Menschen, die nie über das Stadium einer Affäre rauskommen, oder solchen, die immer nur verzweifelt um Liebe kämpfen und einfach nicht verstehen können, dass sich niemand auf sie einlässt. Bindungsangst wird in festen Beziehungen – die nach außen grundsolide scheinen – ebenso gelebt wie im ganz normalen Chaos instabiler Affären. Sie zeichnet sich durch subtile oder offensichtliche Vermeidung von wahrer Intimität aus. Wir alle tragen sie in uns. Und ich bin der felsenfesten Überzeugung – denn ich habe es an mir selbst und an Tausenden anderen Menschen beobachtet –, dass auch in einer festen Beziehung immer wieder neue Stadien an Bindungsangst hervorbrechen, die sich ihren Weg durch Zweifel an der Beziehung oder der Sehnsucht nach etwas Besserem da draußen zeigen.

Übrigens: Unabhängig davon, ob eine Beziehung wirklich ausgedient hat oder nicht, möchte ich dir empfehlen, dass du immer den Weg zum integrierten Selbst wählst und konsequent deine Selbstheilungshausaufgaben machst, bevor du aus Beziehungen gehst und dich wieder in neue hineinstürzt. Unsichere Bindung hat viele Reize und sie wirkt manchmal leidenschaftlicher, abenteuerlicher und aufregender. Doch völlig unabhängig davon, welche Beziehungsform wir wählen oder ob wir uns dazu entscheiden, Single zu bleiben: Nichts erfüllt uns so sehr wie ein integriertes Selbst, aus dem heraus wir uns auf einer sicheren Basis verbinden können, und zwar ohne

Abhängigkeit, Aufopferung und Fluchtimpulse. Denn es gibt für uns keinen Grund, zu flüchten. Wie auch? Wir bleiben bei uns. Sind in uns. Und können dadurch unsere innere Freiheit und die Verbindung mit unseren Grenzen und Bedürfnissen ganz natürlich wahren.

DIE WURZEL DER BINDUNGSANGST ERKENNEN

Die Wurzel jeder Bindungsangst ist, dass wir in einer intimen Beziehung vergessen könnten, wer wir sind. Dass wir uns selbst verlassen. Unseren Körper. Unsere Emotionen. Und vor allem unseren Spirit. Ein Körperenergiesystem, das sich in Beziehungen in der Energie unserer Mitmenschen verliert und Probleme damit hat, mit dem Kern seiner energetischen Essenz – unsere ganz individuelle Frequenzunterschrift – verbunden zu bleiben, kann nicht anders, als uns ständig im Alarmmodus zu halten und Bindung mit dem Prädikat »gefährlich« zu versehen. Energetische Verschmelzung mit dem Gegenüber mag eine Sehnsucht unserer verwundeten Anteile sein. Für unser System in seiner Ganzheit ist die Zersplitterung unserer Energie nach außen allerdings eine entgrenzende Erfahrung, die enorme Ängste hervorholen kann. Wenn wir zum Beispiel große Verlustangst haben, können wir die Projektion der Verlustangst auf unseren Partner oder unsere Partnerin zurücknehmen und uns beispielsweise fragen: »Wie sehr habe ich mich in dieser Beziehung selbst verloren? Wie stark habe ich mich von meiner energetischen Essenz abgetrennt?« Je mehr Zersplitterung unserer Energie nach außen in Beziehungen erfolgt, desto mehr kommen wir in Kontakt mit den beiden Polen der Bindungsangst: Sowohl die Angst vor Vereinnahmung als auch die Angst vor Verlassenheit sind symptomatisch für unser entgrenztes System und destabilisieren unsere Fähigkeiten zur sicheren Bindung.

Wir haben bisher gelernt, wie wir unseren Körper, unsere Emotionen und unsere inneren Anteile wieder in Besitz nehmen sowie jene emotionalen Lasten zurückgeben können, die nicht zu uns gehören. Damit haben wir ein großartiges Fundament auch zur Heilung unserer Bindungsängste gelegt. Jetzt wollen wir daran arbeiten, eine Beziehung zu vertiefen, die uns niemals vergessen lässt, wer wir sind: die Beziehung zu unserem höheren Spirit-Selbst, die uns in unserem physischen Körper festigt, nährt und einen klaren Kompass darüber liefert, was für uns stimmig ist und was nicht. In der Verbindung mit unserem höheren Spirit-Selbst beschreiten wir einen Weg innerer Ganzheit, der Beziehungen für uns ganz und sicher macht. Weil wir sicher und ganz in uns selbst sind.

DICH MIT DEINEM SPIRIT-SELBST VERBINDEN

Was ist dieses höhere Selbst eigentlich? Wenn das Universum, der reine Ursprung, Gott oder wie du auch immer es bezeichnen möchtest, wie die Sonne ist, dann ist unser höheres Selbst wie ein Sonnenstrahl, der eine irdische Erfahrung machen möchte und sich durch uns als Mensch erfährt. Jeder Sonnenstrahl ist vollkommen einzigartig. Und so sind auch wir vollkommen einzigartig und tragen eine ganz individuelle Spirit-Signatur in uns, die sich durch uns verkörpern und ihr ganzes Strahlen zum Ausdruck bringen will.

Je mehr wir diese Spirit-Signatur, diese reine Essenz unserer Gaben, Fähigkeiten und Potenziale, verkörpern, desto erfüllter sind wir. Je mehr die reine Präsenz unseres »Spirits« aus unserem Körper hinausgedrückt wird – was durch Trauma, Konditionierung und Abspaltung von unserem Körper passiert –, desto mehr sehen wir unser Leben durch die Brille von Angst und Mangel. Aus den Konditionierungen unserer verletzten inneren Anteile heraus suchen wir

Verbundenheit und Nähe ständig im Außen. Das ist vollkommen menschlich. Doch wir stellen fest: Je mehr Integration hier geschehen ist und je mehr unsere inneren Anteile durch unsere liebevolle, erlaubende Präsenz nachgenährt wurden, desto mehr transformiert sich die schmerzliche Sehnsucht nach Verbundenheit – die unser System destabilisiert – in eine gesunde, heilsame Offenheit wahrer Intimität gegenüber.

Dies ist die Basis, auf der der Alarmknopf unseres Systems, der Bindung mit dem Prädikat »gefährlich« versieht, immer mehr deaktiviert wird. Wir lernen, uns in Beziehungen hineinzuentspannen. Wir lernen, auch dann weich und offen zu bleiben, wenn alte Verletzungen in uns getriggert werden. Wir lernen, klar zu unterscheiden, was uns guttut und was nicht. Wir entscheiden uns dann nicht mehr für Partner*innen, die unser System massiv destabilisieren. Wir erlauben uns den ganz natürlichen Wunsch nach Verbundenheit und Intimität, doch verhärten nicht mehr in unserem Gefühl von Mangel und Bedürftigkeit. Unsere Emotionen können fließen. Wir können fließen. Die Liebe kann fließen. Und doch wissen und fühlen wir in jeder Sekunde, dass die wichtigste Beziehung in unserem Leben nicht jene zu unseren geliebten Mitmenschen ist – so groß die Verbundenheit und Liebe auch sein mag –, sondern die Beziehung zu uns selbst.

Die Heilung von Bindungsangst bedeutet,

- dass wir in Beziehungen immer mehr spüren, wer wir sind und was wir brauchen,
- dass wir in Beziehungen solide mit unserem Körper und mit unserem »Spirit-Selbst« verbunden bleiben können, ohne mit den Lasten unseres Gegenübers zu verschmelzen,
- dass wir die Quelle unserer eigenen Vollständigkeit immer mehr in der Verbindung mit unserem Spirit-Selbst spüren können,
- dass wir erkennen und fühlen, dass wir uns nur dann in einer Beziehung verlieren können, wenn wir uns selbst in uns verlieren

und dementsprechend lernen, uns in jeder Situation wieder in uns zu »ankern« und präsent zu werden,

- dass wir unsere innere Freiheit in Beziehungen zurückfordern und die emotionale Verantwortung an unsere Mitmenschen zurückgeben, wo wir sie übernommen haben,
- dass wir Schritt für Schritt die Menschen in unserem Leben von der Pflicht freisprechen, uns zu retten oder Löcher für uns zu stopfen, die wir nur in uns selbst füllen können,
- dass wir in Beziehungen immer mehr unsere höheren Ressourcen und Qualitäten spüren und integrieren können und fühlen, dass wir so viel mehr sind als unsere unintegrierten verletzten Anteile.

Ja, wir alle brauchen mal Hilfe und Unterstützung und dürfen es uns wünschen, gehalten zu werden, wenn wir uns schwach fühlen. Doch nachhaltig dürfen wir lernen, uns immer mehr selbst Raum zu geben und Raum zu halten, wo wir es uns im Außen wünschen. Wer eine stabile Beziehung mit sich selbst führt, kann wahrlich angstfrei lieben und sich im richtigen Tempo auf die richtigen Menschen einlassen. All dies ist ein organisches Nebenprodukt unserer emotionalen Integrationsarbeit und der Rückverbindung mit der reinsten Essenz unseres höheren Spirit-Selbst, aus der heraus wir mit anderen Menschen über höhere Ressourcen und Frequenzen »matchen«.
Was bedeutet nun aber eigentlich diese Verbundenheit mit unserem höheren Spirit-Selbst und wie können wir sie fördern und unterstützen? In den früheren Jahren meiner spirituellen Entwicklung suchte ich nach dem »Spirit« außerhalb von mir. Ich dachte, dass mein höheres Selbst wie eine leuchtende Sphäre über mir schweben würde. Heute nehme ich das anders wahr. Mein höheres Selbst ist überall. In mir. Um mich. In jeder Zelle meines Körpers. In jedem Organ. In jedem Knochen. Und je tiefer ich mich in meinem Körper spüre, desto mehr falle ich hinein in die wunderschöne Präsenz meines Spirit-Selbst, die mich in jeder Körperzelle erfüllt.

Körperpräsenz ist der einfachste Zugang zu unserem höheren Selbst. Wir sind hier, um eine vollkommen menschliche Erfahrung zu machen. Und je mehr wir dieses Menschsein verkörpern, fühlen, was wir fühlen, riechen, was wir riechen, schmecken, was wir schmecken, und präsent und geerdet in uns sind, desto mehr laden wir unser höheres Selbst in diese menschliche Erfahrung ein und beginnen, uns mit dieser reinen Spirit-Essenz zu verbinden. In anderen Worten: Die Verbindung mit unserem höheren Selbst ist gelebte Körperpräsenz.

Das Nutzen der eigenen Sinne ist hier ein wahrer Wegweiser. Während ich also die Zeilen dieses Buches tippe, spüre ich gleichzeitig meine Finger und lausche den Tippgeräuschen. Während ich dusche, spüre ich das Wasser auf meiner Haut und rieche den Geruch der Seife, mit der ich mich wasche. Während ich Sport mache, fühle ich mein pochendes Herz, meine brennende Lunge, meine müden Knochen. Und wenn ich danach köstlich zu Mittag esse, versuche ich selbst im Beisein anderer Menschen, die Grenzen meiner Haut von innen zu spüren und die Gewürzaromen des Essens in meinem Mund zu schmecken.

Probiere es aus! Während die meisten Menschen den ganzen Tag in ihrem mentalen Raum verbringen und dabei entweder in der Vergangenheit schwelgen oder über die Zukunft sinnieren – jenseits jeglicher Körperpräsenz –, bringt dich das Nutzen deiner Sinne in die unmittelbare Verbindung mit deinem höheren Spirit-Selbst! Du ankerst dich in dir selbst, kommst in den gegenwärtigen Moment und beginnst, die reine Präsenz deines höheren Selbst zu verkörpern und immer mehr in die Fülle und den Genuss des gegenwärtigen Moments zu kommen, wo du dich automatisch zu Hause fühlst. Sicher und geborgen in dir. Bei dir. In der Verkörperung deiner »Spirit-Essenz«.

Je besser wir mit unserem höheren Spirit-Selbst verbunden sind, desto …

- mehr fühlt sich unser Körper wie ein Zuhause für unsere reine Essenz an: Wir fühlen uns wohl und sicher in uns selbst.
- desto klarer definieren sich unsere Grenzen, ohne dass wir uns schützen müssen: Wir resonieren einfach in unserer eigenen »Spirit-Frequenz«.
- desto sicherer und erfüllter fühlen sich unsere Beziehungen an, ohne dass es irgendwelcher Abhängigkeiten oder Anhaftungen bedarf.
- desto mehr beginnen wir uns mit unseren Mitmenschen über höhere Spirit-Potenziale zu verbinden anstatt über unsere traumatisierten inneren Anteile.
- desto klarer wird unsere Intuition in Bezug darauf, welche Beziehungen uns erfüllen und welche nicht.
- desto mehr Selbstrespekt strahlen wir aus und werden dementsprechend respektvoll in unseren Beziehungen behandelt.

Die Zeit ist gekommen, um ein bisschen mehr nach Hause zu kommen und die höheren Realitäten deiner »Spirit-Frequenz« zu verkörpern, die sich durch dein Menschsein verkörpern will. Die folgenden Schritte helfen dir bei der Integration deines Spirit-Selbst in deinen Alltag. Sie zeigen dir, wie du dein höheres Selbst in deinen Körper, in dein Leben und bei der Lösung deiner Herausforderung einlädst.

Schritt 1: Spüre in deinen Körper hinein

Auch hier besteht der erste Schritt darin, präsent in deinem Körper zu werden. Mit einer Emotion, die dich belastet, einer Frage, die dich beschäftigt, oder einem Thema, für das du dir Heilung erhoffst. Alles ist Energie. Und alles resoniert energetisch in unserem Körper – der wundervollen Kreation unseres Spirit-Selbst. Indem wir also eine Emotion, eine Frage oder ein Thema in unserem Körper »fühlen« und die physische Erfahrung davon machen, übergeben wir es an die reine Präsenz unseres höheren Selbst. Es ist, als ob wir über die physische Erfahrung eine Einladung aussprechen würden: »Sieh mal, höheres Selbst, da ist diese Frage, diese Emotion, dieses Thema und ich brauche Hilfe!«

Wo wir mit unserem Körper präsent werden, beginnen wir, zwischen Körper und Spirit-Selbst eine heilsame Brücke zu bauen, über die wir empfänglich werden für all die Wunder der Heilung unserer reinsten Essenz. Für diesen Schritt 1 empfehle ich dir, immer wieder aus den Gedanken in deinem Kopf zurück in deinen Körper zu wandern und dich dann zu fragen: »Wo hält mein Körper dieses Thema/diese Frage/diese Emotion fest?« So beginnst du, die aufgewühlte Energie deines Verstandes direkt in den Körper zu lenken, und stärkst außerdem mit der Zeit dein Körpergefühl.

Schritt 2: Stelle Fragen

Worin liegt die Magie im Stellen von Fragen? Du übergibst die Frage an dein höheres Selbst und überlässt der höheren Intelligenz die Kontrolle darüber, was (in dir) zu geschehen hat, damit das dich belastende Thema am effizientesten und nachhaltigsten geheilt werden kann. Wir befehlen unserem höheren Selbst also nicht aus unserem konditionierten – und in Sachen Heilung oft sehr begrenzten – Verstand, etwas für uns zu tun. Wir öffnen vielmehr durch das Stellen offener Fragen einen Raum unbegrenzter Möglichkeiten, für unser Sprit-Selbst aktiv zu werden. Ich möchte dir drei Beispiele an die Hand geben:

- Spüre ich eine Energie in meinem Körper, von der ich nicht weiß, wo sie herkommt, fokussiere ich diese Energie in meinem Körper und frage mich: »Ist das meins oder ist das nicht meins?« Dadurch lade ich mein Spirit-Selbst ein, das für mich zu lösen, was nicht zu mir gehört.
- Sitze ich allein zu Hause und fühle mich einsam, spüre ich die Schwere der Einsamkeit in meinem Körper und frage mich: »Wie kann ich mich sicher und geborgen in meiner reinen Essenz finden?« Dadurch lade ich mein Spirit-Selbst ein, mich mit Ressour-

cen von Geborgenheit zu verbinden, die ich wie eine schöne warme Energie durch meinen Körper strömen lasse. Zuerst genieße ich die dadurch entstehenden schönen Gefühle und frage dann: »Wie kann ich sogar noch mehr Verbundenheit mit Menschen zulassen, die mit meiner reinsten Essenz resonieren?« Dadurch lade ich mein Spirit-Selbst ein, mich für mehr Nähe in meinem Leben zu öffnen und die richtigen Menschen dafür anzuziehen.

- Leide ich unter körperlichem oder emotionalem Schmerz, verbinde ich mich mit der Stelle in meinem Körper, in der dieser Schmerz am meisten resoniert, und frage mich: »Wie kann ich diesen Körperteil wieder mit meiner reinsten Essenz verbinden? Wie würde sich dieser Körperteil anfühlen, wenn er wieder vollständig in der Frequenz meiner reinsten Essenz resonieren würde?« Dadurch lade ich mein Spirit-Selbst ein, meinen Körper mit jenen Heilfrequenzen zu versorgen, die im Sinne von Heilung und Regeneration dienlich sind.

Lass dich nicht von den hier aufgelisteten Möglichkeiten, Fragen zu stellen, begrenzen. Das Wording soll für *dich* stimmig sein. Es ist vollkommen egal, ob du hierbei von deiner reinsten Essenz, deinem höheren Selbst oder deinem Spirit-Selbst sprichst. Sei entspannt und weich. Und stelle Fragen, die dich öffnen, weiten und nähren.

Schritt 3: Lass los

Dieser Schritt fällt den meisten Menschen in der Regel am schwersten. Unser höheres Selbst kann, muss aber nicht in Form von »Geistesblitzen« mit uns in Kontakt treten. Wir alle haben zudem andere Wahrnehmungskanäle. Während die einen über plötzliche Eingebungen mit ihrem höheren Selbst kommunizieren, sind andere in dieser Hinsicht eher »fühlig« und genießen das reine Bewusstsein, das mit unserem Körper verschmilzt und Selbstheilungs- oder Erkenntnisimpulse in uns initiiert. Wieder andere merken gar nichts

und werden urplötzlich zu hilfreichen Menschen oder in hilfreiche Situationen geführt, die Klarheit und Heilung vermitteln.
Unser höheres Selbst weiß, was zu tun ist, um die manchmal sehr komplexen Puzzleteile einer Herausforderung für uns zusammenzufügen. Hier dürfen wir uns wieder daran erinnern, dass es unser Job ist, weich und erlaubend mit unseren Emotionen zu sein, sodass unsere Energie fließen und innere Widerstände, die Lösung oder Heilung sabotieren, sanft gelöst werden können.
Wichtig ist: Wenn wir unser höheres Selbst in ein gewisses Thema einladen, gehen wir manchmal zunächst durch eine Form von Entgiftungserscheinungen. Unser höheres Selbst drückt also die ungeheilten Blockaden hoch, die uns in Bezug auf die Herausforderung blockieren. Dieser Prozess ist zwar manchmal unangenehm, aber gleichzeitig unglaublich wichtig, weil sich sehr oft zunächst unsere Frequenz verändern muss, bevor die gewünschten Veränderungen im Außen kreiert werden können. Und unsere Frequenz verändert sich, indem wir Körper, Emotionen, innere Fragmentierungen und unseren Spirit wieder in Besitz nehmen und uns immer tiefer mit unserer reinen Essenz verbinden.
Ich habe es zu einer für mich wundervollen Gewohnheit gemacht, mein höheres Selbst in sämtliche Lebensfragen zu integrieren. Ich bin immer wieder erstaunt, wie viel Flow jenseits unseres Verstandes entstehen kann, wenn wir die Kontrolle abgeben. Und ja, auch ich muss dabei immer wieder weich und erlaubend werden: mit meiner Angst, dass sich das Thema nie lösen wird; mit meiner Ohnmacht, nicht zu wissen, was zu tun ist; und mit meiner Ungeduld, dass ich mir schneller eine Lösung wünsche. Das ist vollkommen menschlich und vollkommen okay! Wichtig ist, immer wieder weich damit zu werden, damit hieraus keine massiven Widerstände entstehen können. Je weicher wir durch ungelöste Fragen oder Herausforderungen »fließen« und die damit verbundenen Emotionen integrieren und annehmen, desto empfänglicher sind wir für die Antworten unseres höheren Selbst.

DICH IN DEINEN BEZIEHUNGEN ENERGETISCH ZENTRIEREN

Als energiesensitiver Mensch darfst und sollst du dir in deinen Beziehungen immer wieder den Raum nehmen, um dich energetisch in dir zu zentrieren und all die Energie, die bei deinem Gegenüber ist, wieder zu dir zurückzuholen. Du wirst feststellen, dass ein gestärkter Raum der Verbundenheit mit dir selbst in gesunden Beziehungen auch immer zu einem gestärkten Raum zwischen dir und deinem Partner oder deiner Partnerin führt. Für das tiefere Ankommen bei dir empfehle ich dir folgendes kleines Alltagsritual.

Alltagsritual: Ein Date mit deinem höheren Selbst

Lege deine Hand auf eine Körperstelle, die gerade nach deiner Aufmerksamkeit ruft, um dich zu erden und dich zu spüren. Während du bewusst die Verbundenheit zwischen deiner Hand und dieser Körperstelle spürst, frage dich: »Wie würde es sich anfühlen, wenn jede Zelle meines Körpers wieder in der Energie meines höheren Selbst resonieren würde?« Spüre, wie sich all deine Zellen beginnen, mit dir selbst aufzufüllen, und wie es sich anfühlt, du zu sein.

Fokussiere und spüre nun Stress und Anspannung in deinem Körper oder außerhalb deines Körpers in deinem Energiefeld und frage dich: »Wie würde es sich anfühlen, wenn alle Energien, die nicht meiner reinsten Essenz entspringen, jetzt vollkommen aus meinem Körper und meinem Energiefeld gelöst und durch die reine Essenz meines höheren Selbst ersetzt würden?«

Genieße die kleine Reinigungsdusche deines höheren Selbst.

Spüre, ob es in deiner Beziehung gerade irgendwelche unerfüllten Bedürfnisse gibt. Wo kannst du den Druck oder das Ziehen dieser unerfüllten Bedürfnisse in deinem Körper wahrnehmen? Fokussiere und spüre diese Zellen und frage dich: »Wie würde es sich anfühlen, wenn mein höheres Selbst diese Bedürfnisse für mich jetzt vollkommen nähren und erfüllen würde?« Spüre, fühle, nimm wahr, wie die inneren Mangelgefühle dem zeitlosen Raum der Vollständigkeit deines höheren Selbst weichen. Gibt es in deiner Beziehung gerade Unsicherheiten oder Zweifel, die dich triggern oder emotional aufwühlen? Wo nimmst du diese in deinem Körper wahr? Werde präsent mit ihnen und frage dich: »Wie würde ich hier handeln, wenn ich vollkommen mit meinem höheren Selbst verbunden wäre? Wie können diese Zweifel, Ängste und Unsicherheiten sogar noch stärker mit der reinen Essenz meines höheren Selbst verbunden werden? Wie kann ich sogar noch mehr mein bestes und reinstes Selbst leben?« Spüre und fühle den Halt und die Geborgenheit deines höheren Selbst und sei gespannt, welche Erkenntnisse du in den nächsten Tagen ganz organisch gewinnen wirst. Dein höheres Selbst coacht dich die ganze Zeit, wenn du es nur dazu einlädst!

HEILMEDITATION FÜR DIE RÜCKVERBINDUNG MIT DEINEM SPIRIT-SELBST

Selbst wenn wir uns in gesunden Beziehungen auf heilsame Weise mit unserem Gegenüber verbinden, ist es wichtig und notwendig, immer wieder nach Hause zurückzukommen. Du magst deine Partnerschaft, deine Familie, deine Wohnung, dein Haus oder irgendeine andere externe Quelle als dein Zuhause definieren und ich wünsche dir von Herzen, dass es dir gelingt, dein Leben im Außen an deine innersten Sehnsüchte anzupassen. Doch kein Objekt, kein

Ort, kein Mensch im Außen kann dir jemals ein nachhaltiges Gefühl von »Zuhausesein« vermitteln, wenn es dir an diesem Gefühl in dir selbst fehlt.
Über die Verbundenheit mit unserem ewig erfüllten Spirit-Selbst kommen wir in direkten Kontakt mit unserem göttlichen Funken und können energetisch auftanken und uns regenerieren in der Wärme, Geborgenheit und dem endlosen Erfüllungspotenzial unserer reinen Essenz. Wir fühlen immer mehr den göttlichen Ursprung unserer wahren Natur und entwickeln ein natürliches Sicherheitsempfinden, das völlig unabhängig von externen Faktoren ist.
Wie großartig könnten unsere Beziehungen sein, wenn wir sie aus einem Ort innerer Ganzheit und Vollständigkeit heraus führten? Wie echt und authentisch könnten wir sein, wenn wir die tiefsten Sehnsüchte und Bedürfnisse unseres Spirit-Selbst fühlten und unser Leben und unsere Beziehungen danach ausrichten könnten? Wie viel erfüllter wären unsere Beziehungen, wenn wir uns selbst immer erfüllter in uns selbst fühlten? Wie viel angstfreier könnten wir in unseren Beziehungen agieren, wenn unsere Verlustängste, unsere Ängste, nicht genug zu sein, oder unsere Ängste, unsere Freiheit zu verlieren, immer mehr der tiefen Sicherheit weichen könnten, die wir in der Verbundenheit mit unserem Spirit-Selbst spüren können?
Wir werden freier, selbstermächtigter und gleichzeitig sicherer in unseren äußeren Beziehungen, wenn wir dieser einen, wichtigsten Beziehung in unserem Leben absolute Priorität einräumen: der Verbundenheit mit unserem Spirit-Selbst. Dem Zuhause in uns selbst.
In dieser Heilmeditation werden wir dein physisches Selbst mit deinem zeitlosen Spirit-Selbst verbinden und Ressourcen innerer Sicherheit, Geborgenheit, Selbstliebe und Ermächtigung in dir aktivieren. Wir erinnern uns gemeinsam an die Vollständigkeit und Ganzheit, die wir in Wahrheit sind, und verbinden uns mit der

»Blaupause« unseres »erfülltesten Beziehungsselbst«, das uns dabei unterstützt, immer mehr in jenen Beziehungsfrequenzen zu resonieren, die wirklich unserer wahren Natur entspringen – jenseits von Mustern und Konditionierungen.
Du findest die Meditation »Ich weiß, wer ich bin, und ich weiß, was ich will – Rückverbindung mit der Vollständigkeit deines Spirit-Selbst« im Downloadbereich (s. Seite 11).

ABSCHLIESSENDE WORTE

Während ich die letzten Zeilen dieses Buches tippe, habe ich eine sechswöchige Seminartour hinter mir, bei der ich samstags und sonntags jeweils an anderen Orten in Deutschland, Österreich und der Schweiz mit und an zahlreichen Menschen gearbeitet habe. An den Wochentagen habe ich dieses Buch geschrieben, Einzelsessions gegeben, das Leben genossen und bin durch eigene selbstheilerische Prozesse gegangen, die mich stets ausdehnen, ausweiten und sich trotzdem nicht immer unbedingt angenehm anfühlen.
So intensiv sich das anhören mag: Ich war dabei in jeder Sekunde im Flow. Es war nie zu viel. Nie zu herausfordernd. Immer okay. Und wenn ich auch nur ansatzweise Gefühle von Überforderung spürte, nahm ich mir ganz bewusst eine Auszeit, um dem entgegenzuwirken.
Viele Menschen fragen mich, wie ich dieses Programm schaffe. Meine Mutter pflegt stets zu mahnen: »Du musst schon gut für dich sorgen!« Ich beruhige sie dann: »Wenn ich nicht gut für mich sorgen würde, könnte ich dieses Programm keine fünf Tage durchziehen, ohne meiner körperlichen oder psychischen Gesundheit zu schaden.«
Viele von uns sind so sehr daran gewöhnt, sich stets aufzuopfern, wenn sie anderen Menschen helfen, dass es als vollkommen normal angesehen wird, ausgebrannt zu sein, wenn man als Therapeut*in,

Heiler*in, Sozialarbeiter*in oder in einem anderen Beruf arbeitet, in dem man mit dem Schmerz und den Bedürfnissen anderer Menschen konfrontiert ist. Da ich sehr schlecht im Aushalten und auch kein Energiebündel bin, das ohne Weiteres durchpowern kann, musste ich immer besonders achtsam darin sein, in meiner Arbeit keine Opfer zu bringen. Ich verstand und fühlte immer mehr: Meine eigenen Bedürfnisse sind genauso wichtig wie die meiner Klient*innen. Und wenn es für mich nicht die beste Lösung ist, kann es auch für meine Klient*innen nicht die beste Lösung sein.

Während ich vor vielen Jahren nach Seminaren teilweise sogar krank wurde, weil ich so viel Energie gelassen hatte, verlasse ich die Seminare heute leicht, beschwingt, glücklich und in einer hohen Frequenz. Ich habe aufgehört, Menschen zu verändern oder nach meiner Vorstellung reparieren zu wollen. Ich habe verstanden: Ich kann nur mein Licht teilen, aber niemals die Lasten für andere tragen. Immer wieder wurde ich auf diesem Weg mit Schuld, Angst oder Verzweiflung konfrontiert, wenn ich alte Muster der Aufopferung zu durchbrechen versuchte und lernte, noch weicher und mitfühlender mit mir und meinen eigenen Bedürfnissen zu sein.

Ich bin der felsenfesten Überzeugung, dass mein eigener Prozess – so wie er sich in der lebenslangen Evolution, der ich mich verpflichtet habe, entfalten will – die Quelle ist für all das, was ich nach außen kreiere. Der innere Drive, andere Menschen zu unterstützen, kommt aus diesem Lebenselixier meines eigenen Prozesses. Sobald ich bemerke, dass ich in eine Form von Überverantwortung, Schuldgefühlen oder Angst hineinrutsche, den Erwartungen anderer Menschen nicht gerecht zu werden, muss ich diesen co-abhängigen Kurs korrigieren und mich wieder auf mich selbst besinnen – darauf, was ich fühle, welche Anteile in mir getriggert sind und was mich aus meiner inneren Mitte reißt.

Ich selbst darf auf meinem Weg der Container für noch mehr Licht, noch mehr Liebe, noch mehr Heilung und noch mehr reine Präsenz

sein und andere Menschen dabei unterstützen, ebenfalls zu diesem Container zu werden. Dadurch geben und empfangen wir gleichzeitig auf einem Fundament von Selbstverbundenheit statt Selbstaufopferung in Verbundenheit mit unserer reinsten Präsenz als unbegrenzte Quelle eines höheren Bewusstseins.
Mein ganz persönliches Mantra lautet: Ich darf mein Licht teilen, doch ich muss niemals die Lasten für andere tragen.
Möge dieses Mantra auch dich immer wieder daran erinnern, wer du wirklich bist. Du gehörst zu diesen Menschen, die auf emotionaler, körperlicher und spiritueller Ebene eine Menge zu geben haben, und darfst lernen, dich selbst als Luxusprodukt anstatt als Wegwerfartikel zu behandeln.

Dein

Kein Therapeut. Kein Heiler. Sondern: Energy-Mover. Bewusstseinsforscher. Selbstheiler. Frequenzerweiterer. Integrationsinitiator.

Ludwig

QUELLEN UND ERLÄUTERUNGEN

1. Esther Hicks und Jerry Hicks: *Wunscherfüllung: Die 22 Methoden.* Ullstein, 2011
2. Patrice Wyrsch: *Neurosensitivität.* 2020
3. Sue Morter: *Die Energie-Codes: Das 7-Schritte-Programm, um Körper und Geist zu heilen und zum wahren Selbst zu finden.* mvg, 2020
4. Sharon King: *Heile Deine Geburt, heile Dein Leben – Traumaheilung mit Geburts-Matrix-Reimprinting.* LOTUS-PRESS, 2018; s. hier Kapitel 2 »Das Bewusstsein des Säuglings«
5. https://www.somaticexperiencing.com/about-peter (zuletzt aufgerufen am 2.11.2021)
6. Laurence Heller und Aline LaPierre: *Entwicklungstrauma heilen: Alte Überlebensstrategien lösen – Selbstregulierung und Beziehungsfähigkeit stärken – Das Neuroaffektive Beziehungsmodell zur Traumaheilung NARM.* Kösel, 2012
7. Cyndi Dale: *Energieheilung für Stress, Trauma und chronische Beschwerden.* Lotos, 2021
8. Falls du mehr darüber wissen möchtest, empfehle ich dir folgendes Buch: Evette Rose: *Metaphysical Anatomy: Your body is talking, are you listening?* CreateSpace Independent Publishing Platform, 2013
9. Falls du mehr darüber wissen möchtest, empfehle ich dir folgendes Buch: Alex Loyd: Das Love-Principle: Die Erfolgsmethode für ein erfülltes Leben. Rowohlt-Taschenbuch, 2014
10. https://www.somaticexperiencing.com/about-peter (zuletzt aufgerufen am 2.11.2021)
11. Sharon King: *Heile Deine Geburt, heile Dein Leben – Traumaheilung mit Geburts-Matrix-Reimprinting.* LOTUS-PRESS, 2018; s. hier Kapitel 2 »Das Bewusstsein des Säuglings«
12. Sue Morter: *Die Energie-Codes: Das 7-Schritte-Programm, um Körper und Geist zu heilen und zum wahren Selbst zu finden.* mvg, 2020

WORTE DES DANKES

Danke an mein höheres Selbst, das mir die Gabe der Hochempathie, der Selbstheilung, der Bewusstseinserweiterung und der Kreativität geschenkt hat, aus der heraus dieses Buch entstanden ist.

Danke an mich selbst, dass ich den Mut hatte, diesen Platz einzunehmen.

Danke an meine Familie, die den »Sonderling« immer mehr zu schätzen weiß.

Danke an meine Freund*innen. Ihr wisst, wer ihr seid! Es ist wundervoll, Menschen im engsten Freundeskreis zu haben, die genau denselben Weg gehen, wie ich es tue, und für die ich ein offenes Buch sein kann.

Danke an Karen Johnson für ihre unendliche Weisheit, ihre Empathie, ihr Mitgefühl und ihre Entschlossenheit, erwachte Menschen zurück in ihren Körper zu bringen und Spiritualität zu erden.

Danke an Lola Jones, durch die ich auf allen Ebenen immer mehr Gnade und Weichheit zuzulassen lernte.

Danke an Karin Hämmerle, die mir den Weg zu Realitäten höherer Frequenzen zeigte.

Danke an alle anderen Mentor*innen und Lehrer*innen, die mein Schaffen inspirieren und dazu beitragen, diese Welt zu einem erwachteren Ort zu machen.

Danke an dich, dass du dich inspirieren lässt und für dich sorgst.

Spiritualität darf leicht, menschlich, sexy, triggernd, unperfekt, geerdet, kosmisch, weich, mitfühlend und manchmal auch fordernd sein. Sie verkörpert alle Facetten des Lebens, weil sie das Leben ist!

NEUE WELTEN ENTDECKEN

ISBN 978-3-8338-8319-4

ISBN 978-3-8338-8036-0

ISBN 978-3-8338-8127-5

ISBN 978-3-8338-8108-4

ISBN 978-3-8338-8107-7

e Alle hier vorgestellten Bücher sind auch als eBook erhältlich.

unum

eins sein. ganz sein.

Mehr von unum auf **www.unum-verlag.de**

LIEBE LESERINNEN UND LESER,

wir wollen Ihnen mit diesem Buch Informationen und Anregungen geben, um Ihnen das Leben zu erleichtern oder Sie zu inspirieren, Neues auszuprobieren. Wir achten bei der Erstellung unserer Bücher auf Aktualität und stellen höchste Ansprüche an Inhalt und Gestaltung. Alle Anleitungen, Übungen oder Rezepte werden von unseren Autoren, jeweils Experten auf ihren Gebieten, gewissenhaft erstellt und von unseren Redakteur*innen mit größter Sorgfalt ausgewählt und geprüft.

Haben wir Ihre Erwartungen erfüllt? Sind Sie mit diesem Buch und seinen Inhalten zufrieden? Wir freuen uns auf Ihre Rückmeldung. Und wir freuen uns, wenn Sie diesen Titel weiterempfehlen, in Ihrem Freundeskreis oder bei Ihrem Online-Kauf.

Sollten wir Ihre Erwartungen so gar nicht erfüllt haben, tauschen wir Ihnen Ihr Buch jederzeit gegen ein gleichwertiges zum gleichen oder ähnlichen Thema um.

KONTAKT ZUM LESERSERVICE

GRÄFE UND UNZER VERLAG
Grillparzerstraße 12
81675 München
www.gu.de

IMPRESSUM

unum

unum ist eine eingetragene Marke der GRÄFE UND UNZER VERLAG GmbH, www.gu.de

ISBN 978-3-8338-8216-6
1. Auflage 2022

Projektleitung:
Clea von Ammon
Lektorat:
Silke Panten
Umschlaggestaltung und Layout:
ki36 Editorial Design, Daniela Hofner
Herstellung: Petra Roth
Satz: Uhl + Massopust, Aalen
Reproduktion:
LUDWIG:media
Druck und Bindung:
Livonia, SIA

GRÄFE UND UNZER

Ein Unternehmen der
GANSKE VERLAGSGRUPPE

Umwelthinweis:

Nachhaltigkeit ist uns sehr wichtig. Der Rohstoff Papier ist in der Buchproduktion hierfür von entscheidender Bedeutung. Daher ist dieses Buch auf PEFC-zertifiziertem Papier gedruckt. PEFC garantiert, dass ökologische, soziale und ökonomische Aspekte in der Verarbeitungskette unabhängig überwacht werden und lückenlos nachvollziehbar sind.

Bildnachweis:

Autorenfoto:
Ludwig Schwankl

Syndication:
www.seasons.agency

Wichtiger Hinweis

Die Gedanken, Methoden und Anregungen in diesem Buch stellen die Meinung bzw. Erfahrung des Verfassers dar. Sie wurden vom Autor nach bestem Wissen erstellt und mit größtmöglicher Sorgfalt geprüft. Sie bieten jedoch keinen Ersatz für persönlichen kompetenten theratpeutischen Rat. Jede Leserin, jeder Leser ist für das eigene Tun und Lassen auch weiterhin selbst verantwortlich. Weder Autor noch Verlag können für eventuelle Nachteile oder Schäden, die aus den im Buch gegebenen praktischen Hinweisen resultieren, eine Haftung übernehmen.

Die unum-Homepage finden Sie unter:
www.unum-verlag.de